Ingenhoven
Overdiek
und Partner

Hochhaus
RWE AG Essen

**Ingenhoven
Overdiek
und Partner**

**Hochhaus
RWE AG Essen**

Herausgegeben von
Till Briegleb

Mit Beiträgen von
Lothar Baumgarten
Ulrich Behr
Werner Blaser
Till Briegleb
Klaus Daniels
Michael Dickson
Klaus Frankenheim
Fritz Gartner
Heinrich Hacke
Dieter Henze
Winfried Heussler
Christoph Ingenhoven
Klaus Klein
Lars Leitner
Richard Long
Tony McLaughlin
Achim Nagel
Dieter Schweer
Lothar Stempniewski
Joachim Stoll
Clemens Tropp
Klaus-Dieter Weiß
Ulrich Werning

Birkhäuser Verlag
Basel · Boston · Berlin

Mit freundlicher Unterstützung von:
Hochtief AG, Buro Happold, HL Technik AG, Werning Tropp und Partner, Josef Gartner & Co., ADO-Roste GmbH, Carpet Concept, FSB – Franz Schneider Brakel GmbH, Siteco Beleuchtungstechnische GmbH

Herausgeber Till Briegleb
Redaktion Till Briegleb, Jan Esche
Dokumentation Petra Pieres
Gestaltung Beate Tebartz, Stephanie Westmeyer

Die Deutsche Bibliothek - CIP-Einheitsaufnahme
Hochhaus RWE AG Essen / Ingenhoven Overdiek und Partner.
Hrsg. von Till Briegleb. Mit Beitr. von Ulrich Behr ... - Basel ; Boston ; Berlin : Birkhäuser, 2000
    Engl. Ausg. u.d.T.: High-rise RWE AG Essen
    ISBN 3-7643-6107-7

Dieses Werk ist urheberrechtlich geschützt. Die dadurch begründeten Rechte, insbesondere die der Übersetzung, des Nachdrucks, des Vortrags, der Entnahme von Abbildungen und Tabellen, der Funksendung, der Mikroverfilmung oder der Vervielfältigung auf anderen Wegen und der Speicherung in Datenverarbeitungsanlagen bleiben, auch bei nur auszugsweiser Verwertung, vorbehalten. Eine Vervielfältigung dieses Werkes oder von Teilen dieses Werkes ist auch im Einzelfall nur in Grenzen der gesetzlichen Bestimmungen des Urheberrechtsgesetzes in der jeweils geltenden Fassung zulässig. Sie ist grundsätzlich vergütungspflichtig. Zuwiderhandlungen unterliegen den Strafbedingungen des Urheberrechts.

©2000 Ingenhoven Overdiek und Partner, Düsseldorf, und Birkhäuser – Verlag für Architektur,
Postfach 133, CH-4010 Basel, Schweiz
Schrift: Rotis Semisans
Gedruckt auf säurefreiem Papier, hergestellt aus chlorfrei gebleichtem Zellstoff. TCF∞

Printed in Germany
ISBN 3-7643-6107-7

9 8 7 6 5 4 3 2 1

Inhalt

8	Vorworte	Werner Blaser
		Martin Pawley
10	Einleitung	Till Briegleb
18	Interview	Christoph Ingenhoven im Gespräch mit Klaus-Dieter Weiß
32	Rundgang	
52	Tragwerk	Michael Dickson
54	Konstruktion	Lothar Stempniewski und Heinrich Hacke
62	Fassaden	Ulrich Behr, Fritz Gartner und Winfried Heussler
74	Technikkonzept	Tony McLaughlin
76	Luft	Joachim Stoll
80	Haustechnik	Klaus Daniels und Dieter Henze
86	Licht	Ulrich Werning und Clemens Tropp
88	Modelle	Till Briegleb und Klaus Frankenheim
96	Garten	Till Briegleb, Christoph Ingenhoven und Klaus Klein
102	Chronik	Achim Nagel und Lars Leitner
110	Interior	Till Briegleb
116	Hufschlag	Lothar Baumgarten
118	Neandertal Line	Richard Long
120	Design	Achim Nagel
126	Nutzer	Dieter Schweer
130	Daten	
132	Team	
136	Danke	
138	Abbildungen	
139	Bibliografie	
140	Autoren	

Vorworte

Werner Blaser

Die Auflösung der Massen bis zur Schwerelosigkeit, das nahtlose Verschmelzen mit der Atmosphäre, eine architektonische Sprache, die sich gelassen, diskret und gänzlich unprätentiös vor unseren Augen entfaltet, der allseitige Glasabschluss, durch den Natur jederzeit erlebbar ist, eine kontemplative Qualität, das Schauspiel der Natur, das im Innern zur ständigen, sinnlichen Erfahrung wird, diese leichte Architektur suggeriert Offenheit und Transparenz, fast eine Verletzlichkeit der Gestalt.

Martin Pawley

Die Ruhrmetropole Essen liegt im strahlenden Sonnenlicht. Von der Spitze des silberfarbenen RWE-Hochhauses gleitet der Blick ungehemmt über die weite Landschaft Nordrhein-Westfalens. Hoch oben zieht ein kleiner silberner Punkt seine Bahn über den Himmel. Tief unten auf der Straße glitzert ein silberfarbener BMW in der Sonne. Silber - die Farbe deutscher Rennwagen, die Farbe des Hightech und die Farbe des Gebäudes, das für sich den Titel "erstes ökologisches Hochhaus Europas" beanspruchen darf.

Die Geschichte dieses Hochhauses geht zurück bis zum Sommer 1991. Damals wurden die Ergebnisse zweier internationaler Architektenwettbewerbe bekanntgegeben. Christoph Ingenhoven erhielt den zweiten Preis für den Entwurf des Hochhauses für die Commerzbank in Frankfurt und wurde Wettbewerbssieger für die neue Konzernzentrale der RWE in Essen. Schließlich wurde das kleinere, 30 Stockwerke hohe RWE-Hochhaus als erstes fertiggestellt. Es erhielt einen Skygarden, eine doppelschalige Lüftungsfassade und hochtransparentes Weißglas für die optimale Ausnutzung des Tageslichts.

Christoph Ingenhoven vertritt die Ansicht, daß es zu den wichtigsten Aufgaben jedes modernen Architekten gehört, den Entwurf eines Gebäudes weit über die ästhetische Formgebung hinaus zu beeinflussen. "Die eigentliche Herausforderung liegt in der Steuerung der klimatischen Bedingungen im Inneren des Gebäudes über die Architektur", sagt er, "und darin, diese Steuerung über die Gebäudehülle zu realisieren und nicht über mechanische Klimaanlagen mit hohem Energieverbrauch."

Aus diesem Gedanken geboren wurde das vielgepriesene "Fischmaul". Über dieses - eigens für das RWE-Hochhaus entwickelte Detail - werden die einzelnen Büroetagen unauffällig mit natürlicher Außenluft versorgt. Es ist letzlich nicht mehr als eine Komponente der Fassadenhülle. Es bedurfte aber umfangreicher Windtunneltests und Modellversuche, bevor es in Produktion gehen konnte. Heute funktioniert es "wie die Haut eines Lebewesens" ganz von selbst und hilft, das Klima im Gebäudeinneren konstant zu halten, ohne dabei Energie zu verbrauchen.

Die Fertigstellung des Gebäudes im Jahre 1997 war ein Meilenstein in der Entwicklung und der Durchsetzung moderner Architektur. Heute arbeitet das Team bei Ingenhoven Overdiek und Partner mit der gleichen Inspiration, Energie und Eleganz bereits an der Lösung architektonischer Herausforderungen von morgen.

RUHRKOHLE

Einleitung
Till Briegleb

Die neue Konzernzentrale der RWE AG in Essen von Ingenhoven Overdiek und Partner ist ein Prototyp. Die Pionierleistung dieses gläsernen Turms, das erste sogenannte Öko-Hochhaus der Welt zu sein, ist zwar von sich aus schon beeindruckend, aber für den Ritterschlag zum Prototyp bedarf es exemplarischer Prinzipien und des Muts zur Neuerung, kurz: es bedarf der Reformation.

Reformation in der Architektur, das läßt sich beispielhaft an drei wichtigen gesellschaftlichen Bruchstellen und ihren Fußabdrücken in der Baukunst darstellen, ging immer einer mit demokratischer Haltung und einem Bewußtsein für freie Kommunikation. Zwang etwa der opulente Bühnenschmuck des katholischen Gottesdienstes den Gläubigen in eine Rolle der meinungslosen Demut, indem er ihm mit der Herrlichkeit in Ausstattung und Architektur seine Nichtigkeit drastisch vor Augen führte, so brachte das Schisma mit seiner Rückbesinnung auf das Wesentliche des Glaubens auch beim Bau von Gotteshäusern eine radikale Wendung. Der architektonische Ausdruck der neuen evangelischen Weltsicht – Schmucklosigkeit, reduzierte, klare Strukturen und zurückhaltende Farbigkeit – gab dem Menschen seinen Platz in der Mitte des Geschehens zurück. Ging es vorher allein um die Herrschaft der Kirche, um die einseitige Kommunikation von oben nach unten, so schuf der reformatorische Kirchenbau eine zurückgenommene Kulisse für den Gläubigen, die in ihrer Strenge die Gemeinschaft zum Hauptdarsteller machte.

Den gleichen Reflex stellt die Antwort der Moderne auf die Architektur des Kaiserreichs dar. Die stark hierarchisierte Gebäudeorganisation des imperialen Selbstbewußtseins, die jeder Person einen Platz gemäß ihrer Rolle zuwies und die Anwesenheit von Macht ganz natürlich mit Größe und Schmuck demonstrierte, wurde einer starken Reduktion unterzogen. Die erwünschte Gleichheit der Menschen fand ihren Ausdruck im fließenden Raum, im reproduzierbaren Modul, in Transparenz, Neutralität und abgeschafftem Stuck, also im Versuch der Entmachtung architektonischer Statussymbolik. Austausch statt Gehorsam sollte diese Struktur evozieren, so der Traum der Architekten, der leider – wie alle Träume – keine offensichtliche Wahrheit an seiner Oberfläche transportierte und somit im Lauf der Geschichte wiederum selbst stark reformiert werden mußte.

Postmoderne und Dekonstruktivismus schaffen, oft ohne es zu wollen, wiederum eine "katholische" Struktur, diesmal, indem der ästhetische Genius über den menschlichen Alltag zu triumphieren versucht. Es stellt sich erneut das Problem einer hierarchischen Perspektive. Anstatt ein Gebäude aus den Bedürfnissen der Benutzer zu entwickeln, bemerkt der Künstlerarchitekt den Menschen nur als Darsteller seiner architektonischen Operette. Daß man in bestimmte aufregende Bauskulpturen keinen Schrank hineinstellen kann, weil die schräge Dynamik des Gesamtentwurfs keine praktischen Erwägungen zuläßt, mag zwar der drastische Einzelfall sein.

Die Reaktion einer neuen Generation von Baumeistern, die an das Vokabular der Zwanzigerjahre auf einer neuen Ebene anknüpfen und dafür im Feuilleton zur Sammelbewegung "Zweite Moderne" erklärt werden, zeigt aber, daß es ein gesellschaftlich starkes Bedürfnis danach gibt, in Konkurrenz zum großen Auftritt die dienende Souveränität der Architektur zurückzugewinnen.

Für die konsequente Umsetzung dieser Haltung der dienenden Souveränität verdient die neue Konzernzentrale der RWE die Bezeichnung Prototyp. Denn die Grammatik dieses Hochhauses basiert auf Nutzerlogik. Die Frage, was wünscht sich der Mensch von einem Haus, in dem er mindestens ein Drittel seiner Lebenszeit verbringt, bildete den Nukleus aller weiteren Überlegungen. Eigentlich eine Selbstverständlichkeit für einen Architekten, sollte man denken, aber die Wirklichkeit der gebauten Welt sieht so anders aus, daß nur die strengsten Architekten unter den besten Bedingungen dieses Prinzip durch den Planungsprozeß bis zur Endabnahme durchhalten können.

Bei der RWE fügte es sich. Christoph Ingenhoven, hartnäckiger Verteidiger einer bedürfnisorientierten Hochqualität, fand in seinem Bauherrn einen Sparringspartner, der seine Umwandlung vom schwerfälligen Energiekonzern zum modernen Dienstleistungsunternehmen mit einem signifikanten Bausymbol unterstrichen haben wollte. Das durfte Geld kosten und erlaubte es, daß so einfache Prämissen der Architekten wie: "Der zentrale Gedanke bei all unseren planerischen Überlegungen ist, daß die Menschen sich in dem Gebäude wohlfühlen, ja, daß sie glücklich sind", nicht unter die Räder der Generalplanung kamen.

Daß eine solch einfache Haltung trotzdem extrem viel Aufwand, Energie und Erfindungsreichtum verlangt, mag auf den ersten Blick verwundern, aber hier gelten die gleichen Regeln wie im richtigen Leben auch: die Schaffung von Freiheit bedarf weit mehr kluger Problemlösungen als das Einreihen in den Trott der Konventionen.

Das beginnt mit der städtebaulichen Planung und findet nach vielen Jahren höchstens ein Ende mit lang anhaltendem Ausklang. Längst nach Fertigstellung des Gebäudes kümmerten sich Christoph Ingenhoven und sein Büro noch um die Kunst am Bau, die Pflege der Grünanlagen oder die passenden Prospektständer für die Eingangshalle, um das mühsam erkämpfte Gesamtkunstwerk nicht mit unzähligen Minibeben erschüttert zu sehen. Denn die Wünsche der Benutzer gehen oft sehr eigene Wege, die nicht unbedingt vom Verständnis der großen Lösung vorgezeichnet wurden. Bilder an die gläserne Außenhaut zu befestigen, jede absichtliche Nische mit Blumengestecken zu verstellen oder ein Geländerrohr in Zick-Zack-Kurs durch die Außenanlagen zu ziehen und als Kunst zu verkaufen – diese bei der RWE zu beobachtenden Verhaltensweisen zeigen unmißverständlich, daß die geschmackliche Erziehungsleistung großer Architektur sich niemals den Eigensinn der Benutzer fügsam machen

Das Luftfoto aus dem Jahr 1999 zeigt die Einordnung des Hochhauses in die südlich des Hauptbahnhofs gelegene Stadtstruktur Essens.

kann. Das alte Problem der modernen Architektur, darf man in einen streng formalisierten Glaskörper Gelsenkirchner Barock stellen, wird ihr immer zu eigen bleiben. Doch diese Tücken einer bis ins Detail durchdeklinierten Schlüssigkeit entstehen nur durch deren gedankliche Größe. Zumal, wenn der Grundgedanke des architektonischen Konzeptes wie bei Christoph Ingenhoven lautet, Lebendigkeit in einem Gebäude optimal zu ermöglichen, aber niemals künstlich oder künstlerisch vorzutäuschen.

Diese endogene Perspektive, die – so ein weiterer Glaubenssatz von Christoph Ingenhoven – Schönheit dann wie von selbst erzeugt, wenn die harmonische Umsetzung der dienenden Aspekte der Architektur gelungen ist, bedeutete für den vorliegenden Fall, als erstes eine "Mängelliste Hochhaus" aufzustellen. Denn erst aus der harten Analyse der Unzulänglichkeiten bisheriger Lösungen läßt sich die Zufriedenheit mit einer neuen Lösung entwickeln – die technische wie die ästhetische Zufriedenheit.

Und die "Mängelliste Hochhaus" ist lang und schwerwiegend – nicht zuletzt deswegen, weil der Wunsch der Bauherren nach Repräsentation beim Hochhausbau in der Vergangenheit meist die Untersuchung der tatsächlichen Vorteile dieser Bauweise überstimmte. So entstanden die unzähligen, gegen die Außenwelt abgeschotteten und energiefressenden Großkisten in aller Welt, die die Benutzer eher krank als glücklich werden ließen.

"Wir wollten ganz einfache Dinge erreichen", beschreibt Christoph Ingenhoven den ersten Schritt des Planungsprozesses, "denn es ist doch absurd, daß man in einem Hochhaus tagsüber elektrisches Licht braucht, durch den unzulänglichen Sonnenschutz permanent Gewitterstimmung herrscht, man die Fenster nicht öffnen kann und zweihundert Meter Fußweg zurücklegen muß, um mit einem Menschen im Büro direkt über einem persönlich zu sprechen." Daß gerade die natürlichen Vorteile des Hochhauses wie ungestörte Licht- und Luftzufuhr sowie hohe Dichte in nahezu allen vorherigen Lösungen durch aufwendige, teure und energieverschwendende Haus- und Klimatechnik sowie unsinnige Raumlösungen wieder komplett ausgeschaltet werden, muß den Erfindungswitz eines jungen Architekten (Christoph Ingenhoven war zu Beginn der Planung 31 Jahre alt) ja geradezu anfeuern. Die möglichst weitreichende Ausschaltung der ungesunden Klimatechnik, die freie Verbindung der Bürozelle zur Außen- und Binnenwelt, die Minimierung der Hausenergie durch eine möglichst optimale Ausnutzung von Tageslicht und natürlichen Energiequellen (aktiv wie passiv) und die schlüssige Anbindung an den Stadtraum mußten das gesteckte Ziel sein, wollte man die Mängelliste der autistischen Riesen ernsthaft überflüssig machen.

Statt sich in ästhetischen Fingerübungen und modischen Entwurfsphantasien zu verschwenden, besann sich das Düsseldorfer Büro bei der Problemlösung auf die Vorteile industrieller Systemfertigung. "Große Häuser besitzen auch große Chancen", antwortet Christoph Ingenhoven auf die Frage, was ihn am Hochhausbau fasziniert. "Durch die industrialisierte, komprimierte Form des Hochhauses können wir uns viel intensiver mit dem Detail auseinandersetzen." Die hohe Anzahl zu produzierender Fassadenelemente erlaubte es beispielsweise, sich auf ein Standardelement zu beschränken, dieses dafür aber mit extremer Sorgfalt zu konzipieren. Aber auch für die Gebäudestruktur und -ausstattung folgten Ingenhoven Overdiek und Partner dem effizienten Konzept der modularen Reproduzierbarkeit.

Die doppelschalige Glasfassade, mit der der entscheidende Wandel vom konventionellen Repräsentationsbau zum repräsentativen Funktionsgebäude geschafft wurde, stellt aber sicher den wichtigsten Systembaustein dar. Diese spezielle Form der Gebäudehaut, die in einer mehrjährigen Planungs- und Erprobungsphase mit der Firma Gartner entwickelt wurde, ermöglicht das weitgehende Ausschalten der Winddrücke auf den Innenfenstern, so daß der natürliche Kontakt zur Außenwelt und die Lüftung auch im dreißigsten Stockwerk durch manuelles Fensteröffnen hergestellt werden kann. Im Zwischenraum der gläsernen Membran kann der Sonnenschutz übermäßige Helligkeit ausschalten, ohne innen zu Wärmestaus oder Dämmerlicht zu führen. Die passive Nutzung der Sonnenenergie und die größtmögliche Helligkeit durch eine 100prozentige Vollverglasung reduzieren zusätzliche Energiequellen auf natürliche Weise. So führt die Fassade im Zusammenspiel mit den speicherfähigen Betondecken zu einem natürlich austarierten und dabei extrem energiesparenden Heiz- und Kühlsystem.

Und schließlich schafft die Vollverglasung auch noch die Verbindung zwischen Innen und Außen sowie eine sprechende Außenhaut. Das Leben in der RWE-Zentrale wird ebenso Bestandteil der Stadt wie die Reflexionen des Himmels, die der Säule ein immer neues Aussehen verleihen.

Besonders schön läßt sich dieser stetige Wandel der Gebäudemimik vom Opernplatz aus beobachten. Die wechselnden Tönungen, die entsprechend dem Stand der Sonne und der Wetterlage von warm bernsteinfarben bis platinkalt reichen, kostümieren das Haus mit dem billigsten und schönsten Baustoff: dem Tageslicht. Mit einbrechender Dunkelheit verstärkt diese Garderobe noch einmal ihren Eindruck, um dann einer Röntgenästhetik Platz zu machen, die kaum weniger imposant auftritt. Die innere Beleuchtung erweckt dann den Eindruck eines Stapels Präsentierteller, die Geschäftigkeit des Konzerns vermittelt sich plastisch und theatralisch nach außen, die Nachbarschaft zum Alvar-Aalto-Theater pariert die Architektur mit einer Oper des emsigen Alltags.

Durch die angestrahlten Sprudel im Wasserbecken vor dem Haus erfährt die Bühne der Arbeit aber auch nach Büroschluß ein Schauspiel des Lichts. Die flirrenden Reflexionen der Wellen beleuchten nicht nur den auf feinen Säulen darüber schwebenden Baldachin, sondern setzen sich fort bis zu den oberen Geschossen, wo sie auf den Decken ihr Lichtspiel wiederholen. So bekommt die Fassade nachts noch ein weiteres, fast romantisches Gesicht.

Und um nur an einem kleinen Detail die grundhumane Haltung der Architekten aufzuzeigen, sei auf die lange Sitzbank unter der Loggia hingewiesen. Niemand hat von Christoph Ingenhoven verlangt, an dieser Schnittstelle zum öffentlichen Raum Verweilqualität zu schaffen. Aber die freiwillige Planung eines einladenden Ortes, wo das Plätschern des Brunnens und der Blick auf eine urbane Situation mit der Oper jeden Passanten zum Rasten animieren, illustriert schön die Sensibilität und soziale Kompetenz des Büros. Christoph Ingenhovens kategorische Aussage, "ohne daß man der Verantwortung den Menschen gegenüber gerecht wird, die in der Stadt leben und arbeiten, würde ich ein solches Projekt nicht machen wollen," wird hier selbst für jeden Zufallsbesucher, der von Architektur gar nichts versteht, unmittelbar präsent. Und auch die schlichte Gesamterscheinung des schillernden Zylinders, Symbol von technischer Vernunft und klassischem Schönheitssinn, vermittelt sich ohne große Erklärung in Logik und Einfachheit.

Obwohl vehement einer erneuerten Moderne verpflichtet, hat sich Christoph Ingenhoven beim Design des Hochhauses dennoch an die hundert Jahre alte Formel Louis Sullivans, nach der ein Wolkenkratzer gleich einer griechischen Säule Basis, Schaft und Kapitel bedürfe, gehalten.

Die Basis erscheint allerdings nur von der Gartenseite in ihrer dynamischen Kegelform, da der Höhenunterschied des Geländes auf der Eingangsseite den Sockel unter die Straßenebene verlegt. Hinter dem ausgreifenden Cockpit-Fenster des unteren Geschosses wurde untergebracht, was in dem schlanken Durchmesser des Schaftes nicht wirklich großzügig hätte ausfallen können: Casino, Restaurant und Konferenzräume. Die schräg gestellte Glasfront, die als Kegelstumpf lauter unterschiedliche Fensterformen nötig machte, verbindet die Mittagsversammlung des Hauses mit dem davorliegenden Garten samt See. So wird die von Christoph Ingenhoven und seinem Gartenarchitekten Klaus Klein elegant inszenierte Natur der Anlage in das Haus geholt. Der große, halbrunde Raum mit seiner opulenten Glasfront atmet jene sublime Zurückgenommenheit, der man im ganzen Haus wiederbegegnet.

Eine freie Aussichtsplattform auf der rückwärtigen und die Einfahrt samt Loggia auf der Vorderseite des Hochhauses beschließen den Sockel und bilden eine Ebene, auf die das Gebäude mit all seiner Kraft glatt und kräftig niederkommt. Wie ein Kolben aus dem Zylinder ragt das Hochhaus aus der hellen Glätte des Kantinendachs, das mit dem gleichen Bergeller Naturstein belegt ist wie der Boden der Eingangshalle. Steht man innen, dann verwischt sich so die Grenze nach Außen und verlängert das Raumgefühl über das Haus hinaus.

Das verstärkt die Besonderheit des Eingangsbereichs, durch Transparenz die Anwesenheit eines Hochhauses darüber vergessen zu machen. Indem Ingenhoven Overdiek und Partner die Versorgungskerne und den Aufzugsturm nicht im Zentrum, sondern am Rand unterbrachten, konnte die elegante, großzügige Eingangshalle entworfen werden, die den verwirrenden Eindruck vermittelt, als basiere das Hochhaus auf wenigen Säulen, Glas und Luft. Mit ausgewählten, dezenten Materialien (Sichtbeton, Naturstein, Holz und Glas) ausgestattet und klar und glatt strukturiert, erzählt bereits der Eintritt in das Haus alles über die Zurückhaltung des Gesamtkonzeptes. Nobles Understatement, eine atmende Atmosphäre aus Geschmack und unaufdringlicher Präsenz finden sich hier im Charakter eines transformierten Klassizismus aufgehoben.

Die glatten Sichtbetonsäulen, die scharf in den Boden eingeschnittene, geschwungene Treppe mit ihrem symmetrisch angeordneten Luftraum, die indirekt beleuchtete, sogenannte "Porschefelge" an der Decke, die die zentralen Lasten auf die Säulen abführt, aber vor allem die nahezu ungehinderte Sicht durch das Gebäude und hinaus in die Umgebung verkünden die Philosophie der Architekten mit Entschiedenheit. Einladend statt respekteinflößend, neutral wo nötig, stilvoll wo möglich – der Empfang appelliert an die Sinne, vermeidet sowohl Protz als auch Gemütlichkeit, demonstriert vielmehr die Macht einer funktionalen, offenen Ästhetik, der es nicht um Einschüchterung, Ausstellung oder Abschottung geht. Für ein modernes Dienstleistungsunternehmen das perfekte Entree.

Daß diese Stimmung sich fortsetzt bis hinauf zur Dachterrasse, liegt an der Fähigkeit des Büros, das Gebäude wie eine Fuge durchzukomponieren. Das wiederkehrende Motiv der technischen Klassik wird variiert und neu interpretiert, verliert sich aber nie in Improvisation und Stilismen. Streng im Bachschen Sinne bleibt die musikalische Mathematik dieser Architektur immer bewußt nahe an den Prinzipien der dienenden Souveränität.

So argumentiert die Architektur auch bei den Bürogeschossen nicht mit luxuriöser Selbstdarstellung, sondern beschränkt sich darauf, die wesentlichen Grundvoraussetzungen für ein menschenwürdiges Arbeiten zur Verfügung zu stellen. Angesichts gewöhnlicher Hochhaus-Arbeitsplätze – lichtarme Teppich- und Furnierholzgruften in technisch erzeugtem Klima – empfindet man dieses optimierte Minimum des Möglichen als großen Komfort. Der Zugang zu Luft, Licht, Außengeräuschen, die eigenständige Handhabung der Steuerung über Tableaus, die zurücktretende Farbigkeit und Materialität der Einrichtung, alle Bedingungen dieses Arbeitens sind die Erklärung eines vernünftigen Standards, der die Konzentration auf die Tätigkeit beflügeln und nicht zerstreuen soll. Gleichzeitig reizt die wichtigste Errungenschaft der sorgfältigen Planung, das Fassadenelement mit dem raumhohen Ausblick, den Vorteil eines Hochhaus-Arbeitsplatzes gegenüber dem eines bodennahen bis zur romantischen Beschaulichkeit aus. Der faszinierende Blick in die Ferne, da wird ein einfacher Bürostuhl zum Thron über das Ruhrgebiet.

Was Büroarchitektur zu leisten imstande ist, wenn sie den Standard verlassen darf, erfahren leider nur die Mitglieder von Aufsichtsrat und Vorstand der RWE. In

Im Sommer 1993 hat Helmut Jacoby das Projekt in einer Reihe von Perspektiven dargestellt. Da sich die Planung zu dieser Zeit noch im Entwurfsstadium befand, konnten die Architekten anhand der Vorskizzen wichtige Entwurfsmerkmale prüfen und mit Helmut Jacoby die Darstellung der beabsichtigten Wirkung optimieren.

Der Vorplatz von der Vorskizze bis zur fertigen Perspektive.

Links: Das Gebäude vom Park aus gesehen, im Entwurfsstadium noch mit zwei Basements.

ihren fünf Geschossen – selbstverständlich die obersten; soviel Hierarchie muß sein – kommen die Firmenchefs beispielsweise in den Genuß einer dramatischen, inneren Treppenlandschaft, die den Schwung kreiselnder Bewegung in eine Aluminium-Glas-Konstruktion und das Bild einer Alpenstiege überträgt. Zwei geschützte Dachgärten vor dem internen, kreisrunden Konferenzsaal mit Oberlicht oder das steinerne Waschbecken vor der Glasfassade im obersten Sanitärbereich befördern das Ambiente von repräsentativer Hochklassigkeit – allerdings ohne den eichenholzschweren und schnapskellergetränkten alten Protz, der die bisherige Konzernzentrale ausgezeichnet hatte.

Daß guter Stil aus der Beschränkung lebt, und Eleganz eine Erkenntnis des Wesentlichen voraussetzt, haben die Architekten den ehemaligen Ruhrkapitänen hier vorgemacht. Manch alter RWEler mag über diesen harten Kontrast zur Vergangenheit gestutzt und geschluckt haben, aber Modernität verpflichtet selbst dann, wenn Reform weh tut.

Das Kapitell dieser Hochhaussäule allerdings erhielt seine Unverwechselbarkeit paradoxerweise aus eben jener alten Liebe zu der Zurschaustellung von Macht. Die aufgeständerte Scheibe über dem Dach des Hauses sollte nämlich ursprünglich ein Helikopterlandeplatz werden. Dieser Wunsch der Bauherren zeitigte durchaus noch Konsequenzen für die Gebäudeorganisation. So erhielt beispielsweise der äußere Aufzugsturm – eine vollverglaste, lamellenverkleidete Schönheit für vier Panorama-Aufzüge – seine Position, weil er als überstehendes Element senkrecht zur Hauptlanderichtung gebracht werden mußte. Die Einsicht, daß man nicht einerseits Arbeitsplätze abbauen und sich andererseits eine solche Bequemlichkeit leisten kann, führte dann zum Verzicht.

So verwandelte sich die Scheibe in ein Emblem, das mit der Nutzung eines Sonnenschutzes und der Fassadenbefahranlage legitimiert wird: eine Hochhauskrone, die im Zusammenspiel mit der aufragenden Fahrstuhltechnik und der Antenne dem Prototyp auch ein signifikantes Label verleiht – eine Art Heiligenschein für das erste ökologische Hochhaus der Welt.

Aber ist dieses Haus überhaupt ökologisch? Kann es das sein? Frei Otto, Christoph Ingenhovens väterlicher Mentor in Sachen innovative Konzepte, mit dem er unter anderem auch den neuen Stuttgarter Hauptbahnhof entwickelt hat, brachte das Dilemma und seine Perspektive bereits 1995 auf den Punkt: "Der Arbeitsplatzsilo eines Büroturms ist schon vom Ansatz her extrem unökologisch, ist potentieller Energieverschwender, unbiologisch und inhuman. Es ist einfach, gerade hier Energie zu sparen. Das ist ökonomisch sinnvoll, aber noch längst nicht ökologisch. Dazu gehört mehr, gehört die Hinwendung zur Gemeinsamkeit alles Lebendigen." Und auch Ingenhoven schlägt in dieselbe Kerbe, wenn er das modische Etikett vom ökologischen Hochhaus relativiert: "Ich kann nur sagen, wir haben den Versuch unternommen, das Gebäude ökologischer zu machen. Das bedeutet für uns – und das ist mir eigentlich wichtig –, daß wir einen ganzheitlichen Ansatz verfolgen. Der reicht von der Sorgfalt im Detail über Konzepte zur Energieeinsparung bis zur Schönheit."

In seinem kurzen theoretischen Abriß über die Prinzipien einer ganzheitlichen Architektur, "Evolution, Ökologie, Architektur" von 1996, in dem Christoph Ingenhoven – von einem asiatisch geprägten Harmoniebegriff ausgehend – die einzelnen Aspekte einer Bauaufgabe in Relation zu ihrer allgemeinen Verträglichkeit bestimmt, stehen die danach häufig zitierten Sätze: "Schönheit und Eleganz sind in der Architektur eine Folge richtiger Entscheidungen. Richtige Architektur ist meist auch schön und häßliche Architektur selten richtig." Und an anderer Stelle heißt es dort unter dem Kapitel "Entspannung": Gebäude dürften "weder in ihrer Organisation und Raumqualität noch in ihrer äußeren Erscheinung den natürlichen Lebensansprüchen des Menschen und seiner Umwelt widersprechen."

Wie sich dieser hohe Ansatz humaner Vernunft in Architektur übersetzt, das kann man am RWE-Hochhaus exemplarisch studieren. Nicht künstlerische Begabung prägt die Ästhetik, sondern praktische Haltung. Es ist die Vision des Pragmatischen, das Gespür für die Komplexität und die Fähigkeit, diese auf das Einfache, Logische, Kommunizierbare zurückzuführen, was die Erscheinung und das Erleben dieses Solitärs so dezidiert von anderen Hochhäusern absetzt. Um so erstaunlicher erscheint dieser Erfolg, wenn man bedenkt, daß die RWE-Zentrale das Debütgebäude des Büros Ingenhoven Overdiek und Partner ist.

Daß die Verwirklichung kluger Prinzipien in einem stimmigen Gebilde gleich beim ersten Bauauftrag gelingen konnte, liegt maßgeblich daran, daß hier zwei Bedingungen zusammentreffen, die für das Zustandekommen von Referenzbauten schon immer unabdingbar waren: ein Architekt, der analytisch denken und das Resultat dieser Überlegungen auch in die Praxis umsetzen kann, und ein Bauherr, der die ökonomischen und konzeptionellen Freiheiten ermöglicht, um ein Experiment bis zur Reife zu treiben. Die seltene Chance, an einem Gebäude vom Entwurf bis zur Möblierung gestaltend zu wirken, die der Konzern den Architekten gewährte, rechtfertigte sich im Fall der RWE-Zentrale mit einem Werk, das Stolz nach außen vermittelt, indem es ehrlich, zurückhaltend, leistungsfähig, kommunikativ und dadurch schön auftritt.

Christoph Ingenhoven, der mit seinen Gästen gerne scherzhafte Streitgespräche darüber führt, welcher Architekt mit welchem seiner Werke die Aufnahme in das Baumeister-Pantheon geschafft hat, könnte sich – was nicht seinem Temperament entspricht – beruhigt zurücklehnen: der glasberockte Firmensitz der RWE hat ihm bereits beim ersten Versuch den Sitz im Parlament von Klugheit und Dauer beschert.

Interview
Christoph Ingenhoven
im Gespräch mit
Klaus-Dieter Weiß

Beim Wettbewerb für die Commerzbank in Frankfurt haben Sie sich schon mit 31 Jahren der internationalen Konkurrenz gestellt und aus dem Stand beinahe Lord Norman Foster bezwungen. Was reizt Sie an der Bauaufgabe Hochhaus?

Vor zehn Jahren wurde mit dem Entwurf für die Commerzbank der Grundstein für eine Spezialisierung gelegt, die uns nach wie vor sehr intensiv beschäftigt. Das Faszinierende an Hochhäusern ist, daß man sich extrem lange mit einem Bau beschäftigen kann. Hochhäuser sind langwierige Aufgaben mit hohem ästhetischem und wissenschaftlichem Anspruch. Dazu gehört auch die Fassade, wie sie aussieht, welche Proportionen sie hat, wie sie verknüpft ist mit dem Inneren. Architektonisch handelt es sich bei einem Hochhaus fast um ein Designobjekt. Man feilt an der Großform sehr intensiv herum. Wenn die baukörperlichen Formen aufgrund ihrer Dimensionen einfach sind, kann man andererseits auch die Details sehr intensiv durchspielen. Hochhäuser sind von Natur aus keine preiswerten Bauvorhaben, insofern sind zusätzliche Aufwendungen für ein optimales Produkt gerechtfertigt. Dazu kommt, daß die industrielle Fertigung sehr weit fortgeschritten ist und hier wirklich Sinn macht. Auch die Form der Kontrolle über den Prozeß ist damit eine völlig andere. Bei fünfhundert, achthundert oder tausend identischen Elementen, wie bei der Fassade der RWE, ist eine neue Dimension der Perfektion erreichbar, mit Hilfe von Versuchsanordnungen, Simulationen, Mock-ups, Modellen, für die es unter anderen Bedingungen gar keinen Etat gäbe. Ganz unabhängig von der städtebaulichen Dominanz, die Hochhäuser von horizontal entwickelten Großformen unterscheidet, potenzieren sich so eine Reihe von Möglichkeiten, die den Bautyp Hochhaus für mich äußerst reizvoll machen.

Haben sich die technischen Voraussetzungen so gewandelt, daß man von einem neuen Hochhaustyp sprechen kann?

Erst mit der Rückkehr des Hochhauses in die intellektuelle Diskussion der vergangenen zehn Jahre hat sich das Feld für besondere Entwürfe erweitert. Der intellektuelle Zugang ist einerseits durch Druck auf Seiten der Bauherren entstanden, die nach wie vor Hochhäuser favorisieren, und andererseits durch die Debatte über ökologische Potentiale im Bauen. Vielleicht war es die intelligente Idee einiger Bauherren, die ökologische Debatte für das Hochhaus zu vereinnahmen. Neuere technische Entwicklungen begünstigen neue Hochhäuser, aber es gibt nach wie vor ein großes Entwicklungspotential. Es gibt neue Materialien wie hochfesten Beton, die Fortschritte in der Erdbebensicherheit und die reine Höhe des Bauens, die mittlerweile in unvorstellbare Dimensionen über tausend Meter möglich ist – unabhängig davon, ob das sinnvoll ist oder nicht. Wir reden heute von ganz anderen Aufzugsgeschwindigkeiten, wir reden von hochfesten, leistungsfähigen Glaskonstruktionen, die einen höheren Prozentsatz von Glasflächen im Gebäude erlauben. Wir reden von natürlicher Ventilation, die die physische Behaglichkeit in so einem Gebäude anders figuriert als in den siebziger Jahren. Wir reden auch über andere Brandschutzmöglichkeiten, die es ermöglichen, mehrgeschossige Bereiche innerhalb von Hochhäusern zu schaffen, um die interne Kommunikation zu erleichtern.

Die Schwächen der Hochhäuser gerade der siebziger Jahre überraschen insofern, als brillante historische Vorbilder hinsichtlich Form und Ästhetik immer vorhanden waren. Frankfurt liefert mit seinem Hochhausbestand wenig Argumentationshilfe, um Euphorie für neue Projekte aufkommen zu lassen. Berlin noch weniger.

Auch die Blütezeit der Hochhäuser in Amerika war nicht immer begleitet von den besten Architekten. Bauherren, die so große Projekte mit soviel technischer Intelligenz in Angiff nehmen, haben vielleicht immer ein gewisses Mißtrauen gegenüber der architektonischen Avantgarde. Man mag unserer Architektur auf den ersten Blick eine gewisse Kälte, eine übertriebene Sachlichkeit nachsagen. Doch sind wir sehr bemüht, die dem Menschen naheliegenden Aspekte der Architektur zu integrieren. Das ist nichts anderes als eine umfassendere Betrachtung der inhaltlichen Aspekte der Bauaufgabe. Die Postmoderne hat zu Recht das Prinzip der Moderne kritisiert, die Form der Funktion unterzuordnen. Der Funktionalismus war eine viel zu eingeschränkte Definition von Wirklichkeit. Zum menschlichen Bauen gehören auch emotionale, physische, psychische und raumphysiologische Aspekte. Stilfragen ergeben sich im Hochhausbau nur hinsichtlich des Arbeitsstils der Architekten. Dem Thema etwas Eigenes abzutrotzen, ihm einen eigenen Aspekt hinzuzufügen, eine eigene Qualität, die den Blick öffnet, das ist etwas wert, das ist Architektur.

Steckt hinter dem Traditionsbewußtsein der Bauherren vielleicht die Mutmaßung, man könne mit einem Turm, in engen konstruktiven und technischen Vorgaben, ohnehin nicht sehr architektonisch auftreten?

Die Gegenbeispiele gibt es ja. Dem engagierten Architekten muß es darum gehen, der Aufgabe etwas abzuringen, was bis dahin nicht bekannt war, ihr eine Qualität hinzufügen, die man dem Hochhaus bis dahin nicht zugestanden hatte. Das betrifft auch die neuere Diskussion um ökologische Aspekte wie die natürliche Ventilation oder die Kommunikation von Mensch zu Mensch. Diese Qualitäten ins Hochhaus hineinzubringen ist ein zentrales Motiv einer neuen Generation europäischer Hochhäuser. Das ist eine neue Qualität, die formale, städtebauliche, ökologische Auswirkungen haben wird.

Sie suchen den Weg zu einem neuen Bauen, einer neuen Architektur. Ist es nicht Prinzip der Architektur, das an Form und Erscheinung signifikant festzumachen, nicht an Inhalt und theoretischer Basis?
Ich glaube, daß Architekten wie Mies van der Rohe fasziniert waren von Technik und Wissenschaft im 20. Jahrhundert. Ich glaube aber, daß diese Faszination eine künstlerische war, und die Architekten nicht wirklich daran interessiert waren, eine ingenieurmäßige oder naturähnliche Konstruktion zu bauen. Womöglich waren sie auch nicht daran interessiert, diese zu verstehen. Sie waren fasziniert von der Glätte, der Perfektion, der mathematischen und konstruktiven Fähigkeit, von der Schnelligkeit, der Spannweite. Diese Faszination war eine ästhetische, die das Aussehen der Dinge betraf.

Wir versuchen von der Form als Objekt des primären Herangehens wegzukommen. Vielmehr wollen wir zu einem Begriff der Form als Ergebnis eines Prozesses kommen. Die Architektur ist nicht primär Form, das ist sie bestenfalls in einer oberflächlichen öffentlichen Rezeption. Tatsächlich ist sie Sinn und Inhalt. Die Form ist eine Folge davon.

Sie werfen der klassischen Moderne in ihrer Verliebtheit in einfache geometrische Körper einen künstlerischen Impetus vor?
Mies van der Rohe hatte nicht absolut recht mit der Formel "less is more", nicht im umfassenden Sinne. Daneben hatte Bruno Taut ebenso recht, wenn er einen Farbkanon, einen taktilen Oberflächenkanon für das Bauen als unabdingbar ansah. Dieses Thema war für Mies van der Rohe nicht wichtig. Aber erst beide Dinge zusammen und noch viele weitere Aspekte machen Architektur vollständig. Ein Künstler muß vielleicht sogar zeitweilig ausblenden, um zu einem überspitzten, herausragenden Moment zu kommen. Aber einen Stuhl wie den von Gerrit Rietveld entwirft nicht jemand, der daran interessiert ist, daß die Leute besser sitzen. Nur das Hineinnehmen aller Aspekte wäre für mich eine neue Art des Bauens. Das erfordert nicht neue Formen, sondern die inhaltliche Emanzipation, die tatsächlich wirklichkeitserklärenden Momente verschiedener theoretischer Ansätze zu erkennen, und diese miteinander zu verknüpfen. Architektur kann nicht erotisch sein, sondern Architektur schafft Lebensräume. Insofern sollte man diese zweckgebundene Darstellungsebene nicht ideologisch mißbrauchen.

Es gibt stichhaltige Argumente dafür, daß ein Hochhaus als Zylinder auftritt. Besteht bei Ihrem Ansatz aber nicht die Gefahr, so sehr aus der an Formen orientierten Rezeption auszubrechen, daß Sie Ihr inhaltliches Anliegen nicht mehr auf breiter Front vermitteln?
Es kann kein Kriterium sein, kein rundes Hochhaus zu machen, weil man das schon einmal gemacht hat. Andererseits gibt es eine Menge Orte auf der Welt, an denen wir kein rundes Hochhaus bauen würden. Ich scheue mich weniger, die prinzipielle Form zu wiederholen, als eine mehr oder weniger gleiche Form immer wieder neu zu dekorieren. Der Architekt benutzt die Fassade als transportfähiges, medienwirksames Produkt. Er ist dadurch schnell erkennbar und kann sich vermarkten. Die Frage ist nur, ob hinter der Kulisse von 50 cm Tiefe noch etwas kommt oder nicht. So macht es in meinen Augen wenig Sinn, sich an der Ästhetik des Rockefeller Centers zu berauschen, wenn es nicht gelingt, den wesentlichen Inhalt dieses Projekts neu in die Tat umzusetzen. Die wirkliche Innovation war doch, das Hochhaus als Hybrid öffentlich zu machen, den öffentlichen Raum in die Vertikale auszudehnen.

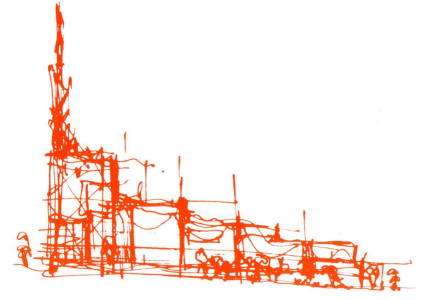

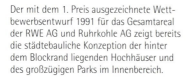

Der mit dem 1. Preis ausgezeichnete Wettbewerbsentwurf 1991 für das Gesamtareal der RWE AG und Ruhrkohle AG zeigt bereits die städtebauliche Konzeption der hinter dem Blockrand liegenden Hochhäuser und des großzügigen Parks im Innenbereich.

Worauf beruht die Entscheidung für den Zylinder?
Daß dieses Gebäude rund ist, kann man aus einigen Parametern ableiten, etwa der Energieeffizienz. Aber eine Form ist immer auch aus städtebaulichen Parametern abgeleitet. Dazu kommt eine formale ästhetische Faszination. Ich empfinde unsere Formen generell als stark und präsent, aber nicht als aufgeregt. Ein Hochhauszylinder von 200 Metern Höhe und 40 Metern Durchmesser, der wie bei unserem Entwurf für die Commerzbank einfach, glatt und rund ist, bezieht die Stärke seiner Form aus der Strenge und der Einfachheit und nicht aus einer aufgeregten Wirkungsabsicht. Das Hochhaus der RWE ist deutlich schlanker und wirkt aus der Perspektive vor Ort, nicht unbedingt auf den Plänen, unglaublich schlank und dynamisch. Das war uns formal durchaus willkommen. Wer als Architekt Hochhäuser baut und behauptet, es sei nicht wichtig, wie hoch das Gebäude ist, der ist ein schlechter Lügner. Man kann eine Form nicht wie eine mathematische Gleichung aus Inhalten heraus entwickeln. Dafür ist der Entwurfsprozeß nicht langfristig und fein genug. Im Kopf des Entwerfers vermischen sich eine Menge von Parametern. Ganzheitlich bauen in diesem Sinne heißt, das eine nicht zugunsten des anderen überzuproportionieren.

Sehen Sie nach der formlastigen postmodernen und dekonstruktivistischen Architektur jetzt einen Trend zur ökologischen Architektur?
Zu beobachten ist, ausgelöst von den Projekten Commerzbank und RWE, eine Flut von ökologischen Hochhäusern. Davon abgesehen, daß diese architektonische Resonanz teilweise nur die Geometrie betrifft, würde ich die Architektur, die wir betreiben, aber nicht als ökologische Architektur bezeichnen. Vielmehr sollte die Ökologie heute ein selbstverständlicher Bestand jedes architektonischen Bemühens geworden sein. Ökologisch denken, so werde ich nicht müde zu behaupten, heißt in gewisser Weise, alles zu denken. Alles, was überhaupt nur geht. Es heißt, daß man für alle Dinge offen sein muß, dafür wie die Menschen denken, handeln, fühlen. Hinsichtlich der energierelevanten Details liegt der ökologische Beitrag unseres Gebäudes darin, daß eine Negativliste des Bautyps aufgearbeitet worden ist. Hier hat man offene Treppenverbindungen, hier hat man eine öffenbare Fassade, hier hat man aber auch speicherfähige Decken, ein Kühlrippenelement, integrierte Deckenelemente, Steuerungssysteme, die eine individuelle Steuerung erlauben. Das sind eine Reihe von Faktoren, die dazu führen, daß das Gebäude einen niedrigeren Energieverbrauch hat als vergleichbare andere Gebäude. Es hat eine bessere Tageslichtausbeute als vergleichbare andere Gebäude und einen effektiveren Sonnenschutz, im Hinblick auf die Orientierung eine erleichterte Form der Büroorganisation.

Läßt sich ein so komplexer Inhalt in einem griffigen architektonischen Bild vermitteln?
Wir wollen unser Anliegen formal in einer sehr einheitlichen geschlossenen Form vermitteln, die sich auch über ein Foto, ein Bild, eine Zeichnung in einer gewissen Geschwindigkeit rezipieren läßt. Das ist ganz wichtig. Wir leben in einer Zeit, in der diese Geschwindigkeit vonnöten ist. Ich kann das nicht umkehren. Ich kann nur versuchen, über dieses Bild die Leute für die Inhalte zu interessieren. Die Form ist ein Kommunikationsinstrument.

Essen ist nicht Frankfurt, obwohl sich die Einwohnerzahlen kaum unterscheiden. Die architektonische Tradition der Essener Konzernverwaltungen, geprägt von Wilhelm Kreis, Alfred Fischer und Egon Eiermann, ist dagegen sehr bemerkenswert. Sind Sie mit dem Ergebnis Ihrer Arbeit bzw. der Zusammenarbeit zufrieden?
Essen ist international überhaupt nicht bekannt. Aber wir haben mit dem Bauherrn RWE eine sehr glückliche Auftraggebersituation gehabt. Trotz vieler schwieriger Umstände ist die Arbeit an dem Projekt sehr befriedigend gewesen, weil sie auf allen beteiligten Seiten höchste Aufmerksamkeit genoß, auch beim Generalunternehmer, der für die eigene Muttergesellschaft tätig wurde. Ich bin beinahe täglich dort gewesen, was durch die räumliche Nähe sehr erleichtert wurde.

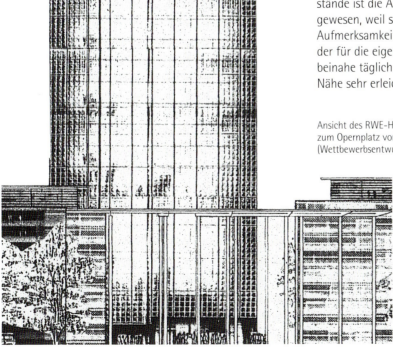

Ansicht des RWE-Hochhauses mit dem zum Opernplatz vorgelagerten Loggiadach (Wettbewerbsentwurf 1991)

Der Essener Hauptbahnhof orientiert sich zu zwei innerstädtischen Seiten: Der Einkaufsstadt im Norden und der Dienstleistungsstadt im Süden. Das PASSAREA-Projekt will durch Verdichtung im Bereich der "Freiheit" diese Trennung aufheben und den neuen Bahnhof zum Bindeglied der ehemals getrennten Stadtteile werden lassen.

Ihre Aufgabe in Essen war ursprünglich vor allem städtebaulich geprägt. Was waren die entscheidenden Weichenstellungen für den Gebäudeentwurf?
Bei der RWE handelte es sich um eine Art Realisierungswettbewerb, der aber tatsächlich von der Ausschreibung her einen städtebaulichen Charakter hatte. Es ging zwar darum, zwei Hauptverwaltungen zu realisieren, nämlich die der Ruhrkohle AG und der RWE, dennoch war der Entwurf, den man abgeben mußte, eine städtebauliche Planung.

Was wollten Sie städtebaulich erreichen?
Wir befürchteten baukörperlich eine viel zu starke Massierung von Hochhäusern, außerdem eine zu starke Konkurrenz der beiden in einem Wettbewerb zu planenden Hauptverwaltungen. Um diesem Dilemma aus dem Weg zu gehen, haben wir nur den Hochhauskörper für die Ruhrkohle AG in Bahnhofsnähe plaziert und den für die RWE an einem etwas überraschenden Standort am Aalto-Theater etwa 300 Meter weiter südlich. Damit haben wir den vorhandenen Kranz von Hochhäusern um den Bahnhof etwas erweitert. Die Standortwahl für die RWE war sehr überzeugend, weil mit dem exponierten Operngebäude von Alvar Aalto und mit dem dort anschließenden Stadtgarten eine sehr weiträumige und interessante Situation entstand. Wir haben uns dann entschlossen, um das gesamte Gebiet eine Art Blockrandstruktur mit bis zu sechs Geschossen aufzubauen. Darin konnten wir bereits einen großen Teil der benötigten Flächen realisieren. Zwei Hochhauskörper, ein Rechteck und einen Kreis, haben wir hinter dem Blockrand angeordnet. Das übrige Grundstück steht für eine großzügige Gartenanlage zur Verfügung. Die beiden Hochhauskörper auseinanderzurücken, und einen neuen unerwarteten Standort für das zweite Hochhaus zu finden, sowie die Tatsache, daß wir als einzige eine große Freifläche im Blockinneren gewinnen konnten, war mit entscheidend für den Ausgang des Wettbewerbs – ganz unabhängig von architektonischen Konzepten.

Hat sich der städtebaulich bestimmte Gebäudeentwurf in seiner Konkretisierung stark verändert?
In der Durchformulierung wurde das Hochhaus für die RWE erheblich höher. Die Positionierung hinter dem Blockrand hatte zur Folge, daß mit Hilfe des Loggiadaches, das den Blockrand vor dem Gebäude zwar markiert und fortsetzt, aber gleichzeitig ein Loch in diese Begrenzung schneidet, eine sehr starke öffentliche Situation entstanden ist, eine fein abgestufte Folge von öffentlichen Räumen, die das Projekt in seine urbane Umgebung einbindet. Zum rückwärtigen Garten konnten wir mit der Terrasse des Gartengeschosses, das große Funktionsbereiche wie Cafeteria und Kasino aufnimmt, eine ebenso starke Verzahnung realisieren. Eine Schrägverglasung zum See und eine 100 Meter lange Zyklopenmauer an der Grundstücksgrenze gehören hier zu den Determinanten unserer Planung.

Die Verzahnung mit der Umgebung ist für den Bautyp sicher ungewöhnlich.
Es ist ein Hochhaus, das offen auf dem Grund endet, dennoch aber städtebaulich sehr stark verankert ist. Das wird in der schnellen Wahrnehmung dieses Entwurfs oft übersehen, war aber eigentlich das Ausschlaggebende, das Wichtigste. Danach erst begann unsere Arbeit an der Ausformulierung des Turmes selbst, der zwar von Anfang an kreisrund bzw. polygonal sein sollte, aber nachträglich durch die außen angesetzten Aufzugstürme noch eine Reihe von Modifikationen erlebte.

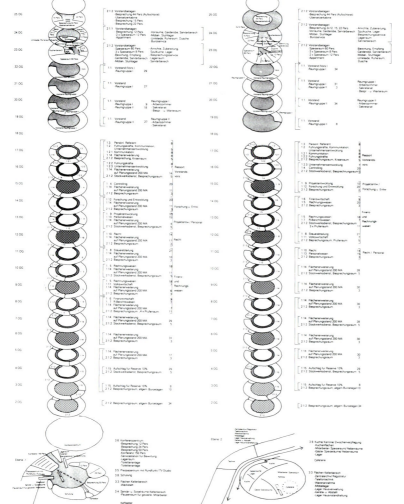

Die Diagramme zeigen die geplante Belegung und funktionale Zuordnung des Hochhauses im Rahmen der Vorplanung 1992.

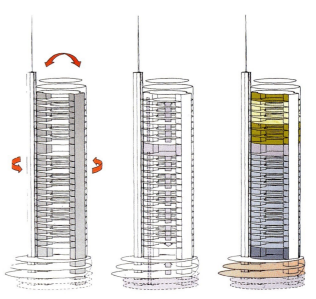

In diesen Zeichnungen sind die Prinzipien der Erschließung innerhalb der flexiblen Büroorganisation dargestellt.

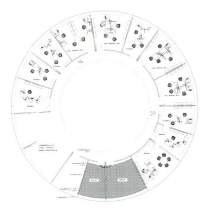

Normalgrundriß – Erschließung

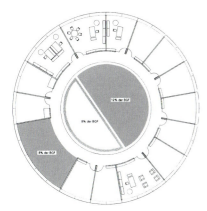

Normalgrundriß – Flächenverhältnisse

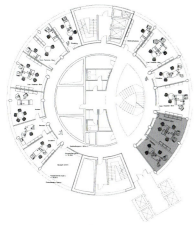

Normalgrundriß – Möblierbarkeit

In den Grundrissen ist die Möblierbarkeit der trapezförmigen Büroräume, das Verhältnis zwischen Kern- und Büroflächen und die Positionierung der Erschließungskerne dargestellt. Es wird deutlich, wie die funktionalen und technischen Anforderungen in die kompakte Kreisform integriert werden können.

Auch die markante Gebäudespitze, unabhängig von der Gebäudehöhe entscheidend für die begriffliche Unterscheidung zwischen Wolkenkratzer und Hochhaus, ist ungewöhnlich. Hatten Sie dafür ein Vorbild?
Die äußere, zweite Glashaut überragt das Gebäude und formuliert so einen offenen, nach oben transparenteren Gebäudeabschluß. Es gibt dafür in Düsseldorf ein schönes Vorbild, das mich in seiner Auflösung im Übergang zum Himmel schon als Kind fasziniert hat: das Wilhelm-Marx-Haus von Wilhelm Kreis aus dem Jahr 1924. Der Stahlbeton-Skelettbau mit Ziegelverkleidung endet oben in einer Art durchbrochenem Ornament. Hinter der zweigeschossig über das Dach geführten Attika befindet sich unter einem Zeltdach ein Löschwasserbehälter. Unser Entwurf ist funktionaler und natürlich kein Rückgriff auf die Neogotik. In den offenen Abschluß hinein endet das Gebäude mit dem Aufsichtsratssaal und zwei Dachgärten auf gleicher Ebene sowie einer größeren Dachterrasse auf dem Dach des Aufsichtsratssaales. Alle drei Terrassen befinden sich noch innerhalb der fortgeführten äußeren Glashülle, so daß sie windgeschützt und noch in dieser Höhe nutzbar sind.

Die gleiche Transparenz erreichen Sie am Gebäudefuß. Wie konnten Sie den üblichen massiven Gebäudekern umgehen?
Die Besonderheit der konstruktiven Struktur des Gebäudes liegt darin, daß eine transparente, offene Eingangshalle den öffentlichen Platz vor dem Gebäude mit dem Garten dahinter verknüpft. Dadurch, daß die Kerne an die Seite gestellt wurden, bleibt möglichst viel freie Fläche in der Mitte des Erdgeschosses erhalten. Wir haben eine Transferkonstruktion in Beton entwickelt, die die zentralen Lasten, die in der Mitte des Gebäudes ankommen, auf einen Stützenkreis überführt. Diese Konstruktion ist nachvollziehbar geformt und offen sichtbar. Dadurch haben wir eine freie Mitte im Gebäude, das auch im Erdgeschoß ringsherum vollverglast ist. Die dennoch relativ intime, runde Eingangshalle ist über Treppen und Durchblicke mit dem ebenfalls für Besucher zugänglichen Gartengeschoß darunter verbunden. Beide Ebenen können so unabhängig von den Bürofunktionen der Obergeschosse, abhängig vom Sicherheitsbedürfnis des Bauherrn, auch für Veranstaltungen genutzt werden. Die Sicherheitsbedürfnisse des RWE-Konzerns sind durch die etwas sensiblen Bereiche, in denen das Unternehmen tätig ist, hochrangig. Dennoch ist es mit Hilfe des Bauherrn und seiner Sicherheitsberater gelungen, zumindest optisch ein völlig barrierefreies Gebäude zu errichten.

Garten- und Freiraumplanung entstanden ebenfalls in Ihrem Büro?
Wir haben Roland Weber, Klaus Klein und Rolf Maas als Landschaftsplaner unseres Vertrauens hinzugezogen, blieben aber für die Landschaftsplanung selbst verantwortlich und haben so auch die Grundzüge der Planung bestimmt. Wir vergewissern uns lieber intern der Mitarbeit, Zuarbeit und Beratung anderer, um die Kontrolle gegenüber dem Bauherrn zu behalten. Wir können dann ein harmonisches Team unserer Wahl bilden und benötigen für Dinge wie die Lichtgestaltung, Gartengestaltung usw. keine externen Partner, die wir unter Umständen gar nicht selbst bestimmen können. Bei diesem Projekt sind Verknüpfungen von Innen und Außen so wichtig und eng, daß wir uns schwer vorstellen konnten, die Oberfläche der Vorfahrt oder die Wasseranlagen auf der Vorfahrt ohne unsere Mitwirkung gestalten zu lassen.

Wieweit konnten Sie Innenausbau und Möblierung beeinflussen?
Wir hatten den kompletten Innenausbau in Auftrag, mit sämtlichen Einrichtungen und allen Materialien.

Bis zum letzten Bürostuhl?
Für alle Sonderbereiche hatten wir den Alleinauftrag, für die übrigen Bereiche, zum Beispiel für die Normalbestuhlung im Normalbüro, hatten wir einen Beratervertrag. Wir sind für die Inneneinrichtung bis auf zwei Vorstandsbüros insgesamt verantwortlich.

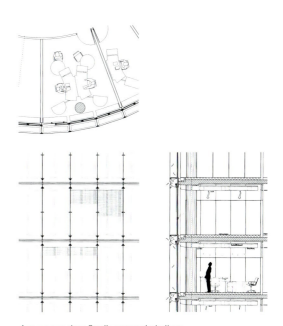

Auszug aus einer Studie zur zweischaligen Lüftungsfassade, April 1993

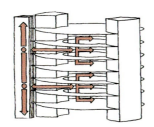

Das Drei-Etagen-Konzept ermöglicht durch die innenliegenden Treppenhäuser eine unbehinderte Kommunikation innerhalb der über mehrere Geschosse reichenden Büroorganisationen.

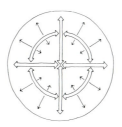

Die Kreisform mit dem umlaufenden Ringflur ermöglicht eine eindeutige Orientierung.

Wie groß war Ihre Bearbeitungstiefe hinsichtlich Ausschreibung, Vergabe und Kostenberechnung?
Ein Architekt, der sich aus diesem Tätigkeitsfeld verabschiedet, verliert den Einfluß auf das Gebäude. Vielleicht ist es lästig, aber es ist notwendig, um das Gebäude zu bauen. Voraussetzung ist das Vertrauen des Bauherrn gegenüber dem Architekten, dieses Vertrauen ist anderenorts weitestgehend verloren gegangen. Der Bauherr denkt, daß der Architekt dank seiner prozentualen Beteiligung an den Baukosten lieber teuer baut. Wenn man eine vernünftige Budgetplanung miteinander macht und abstimmt, dann muß man dem Architekten auch die Möglichkeit einer Einflußnahme geben. Nur wenn der Architekt selbst Kostenberechnung, Ausschreibung und Vergabe macht, kann er Kosten kreativ bewerten. Das sogenannte Value-Engineering ist oft nur der nette Begriff für eine ganz böse Tätigkeit. Aber richtig verstanden ist es das, was der Architekt machen kann, wenn er die Kontrolle über diese Dinge auch hat – nämlich eine Wertbetrachtung im Sinne einer Zuordnung von wichtig und unwichtig.

Sie sprachen eingangs von Bruno Taut und der Bedeutung von Farben und taktilen Oberflächen. Wie trafen Sie in diesem Sinne Ihre Materialwahl?
Das Gebäude hat durch seine Oberflächen aus Glas und Aluminium einen hohen Grad an Perfektion, einen gewissen Grad an Kälte. Wir haben uns bemüht, Materialien einzusetzen, die die Farbigkeit und Ausformung des jeweiligen Materials haben und nicht etwas darzustellen versuchen, was sie nicht sind. Aluminiumprofile sind darum aluminiumfarben oder eloxiert, behalten also ihre metallische Oberfläche. Das Glas ist nicht gefärbt und nicht verspiegelt. Der Naturstein ist nicht poliert, sondern rauh wie Stein. Das Holz ist offenporig lasiert, oft nur geölt, so daß die Holzstruktur, die Holzfarbe, selbst der Holzgeruch noch erhalten bleiben. Die eigene Materialität in den jeweiligen Materialien zu belassen, war ein Hauptkriterium der Materialauswahl. Ein zweites Kriterium war die Alterungs- und Patinafähigkeit der eingesetzten Materialien. Bei Glas und Aluminium mutet das vielleicht zunächst seltsam an. Aber eine eloxierte Aluminiumoberfläche nimmt eine gewisse Patina an, sie nimmt eine gewisse Farbigkeit und Lichtwirkung der Umgebung auf. Aluminium verändert in der eloxierten Oberfläche relativ stark seine Farbigkeit, durch die verschiedenen Jahres- und Tageszeiten und durch die Umgebungsfarben. Es ergibt sich eine samtene Oberfläche, die durch das Eloxieren wie durch die Aufnahme der Umgebungstemperatur entsteht. Das alles nimmt dem Gebäude viel von seiner kühlen Strenge. Dazu kommt die Großzügigkeit des Gartens, verstärkt durch die Zurückhaltung des Gebäudes in seiner Materialität und Farbgebung. Die Gebäudefarben changieren gerade mal zwischen einem grauen Weiß und einem weißen Grau. Insgesamt gibt es bestimmt 10 bis 12 verschiedene Farbtöne in diesem Kanon, unterstützt von den Materialien Aluminium, Glas, graublau gestrichenem Stahl und dem Natursteinboden aus grau-grünem Bergeller Gneis. Der Boden wirkt durch seine sandgestrahlte Oberfläche sehr hell und rauh, sehr steinern. Durch die Brechung des Miniglimmers im Gneis wirkt er stumpf und nimmt in seiner Farbigkeit und Lichtwirkung die Umgebungstemperatur auf. Dadurch entsteht im Gebäudeinneren hinter der Glashaut eine sanfte Atmosphäre mit strukturierten Oberflächen.

Was ist an dem Bau für Sie und die Entwicklung des Büros entscheidend?
Die Größe und Art der Aufgabe sowie die Besonderheit, daß von Anfang an ein ökologisch orientiertes Hochhaus ausgeschrieben war. Eine Anforderung, die wir so vorher niemals hatten.

Die Spitze des Messeturms, Frankfurt, M., und des Chrysler Buildings, New York, im Vergleich zum transparenten Gebäudeabschluß des RWE Hochhauses. Bereits die Skizze von Christoph Ingenhoven aus dem Wettbewerb zeigt die Neuinterpretationen des Gebäudeabschlusses beim RWE-Hochhaus durch eine angemessene Nutzung und eine sich nach oben im transparenten Fassadenschirm auflösende Fassadenstruktur.

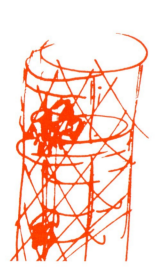

RWE Hochhaus, Essen

Messeturm, Frankfurt, M.

Chrysler Building, New York

Die ökologische Forderung war definiert?
Es gab nur ein paar Stichworte zur versuchsweisen Definition. Da wir mit Hochhäusern bis dahin nie zu tun hatten, nur mal geträumt hatten...

... Sie hatten den Traum, Hochhäuser zu bauen?
Ja, den hat doch, glaube ich, fast jeder Architekt.

Gibt es für Sie selbst eine Faszination, in einem Hochhaus zu arbeiten?
Ja. Ich finde es phantastisch. Die Faszination hängt damit zusammen, daß man sich abgerückt fühlt, daß man einen sehr weiten Blick hat. Darum fände ich es seltsam, Hochhäuser zu bauen mit eingeschnittenen Fenstern, die den Ausblick begrenzen. Bei der RWE haben wir, von innen betrachtet, einen 100prozentigen Glasanteil in der Fassade. Es gibt eine lichte Höhe von 3 Metern, die in der ersten, äußeren Schicht voll verglast ist. Das steigert die Lichtsituation, den Ausblick, das Sich-öffnen-nach-außen, das schon aus dem Grundriß resultiert. Diese Chance des Hochhauses mit Brüstungen und abgehängten Decken, Stürzen und Wandverkleidungen zu ruinieren, wäre mehr als schade.

Worauf beruht die oft schroffe Ablehnung von Hochhäusern, selbst wenn es doch lediglich um die tägliche Arbeitszeit geht? Vor einigen Jahren schrieb ein Kritiker noch von den Dinosauriern der Architektur.
Hochhäuser sind bzw. waren negativ, weil sie den Einfluß des einzelnen auf seine Räumlichkeit, auf sein Befinden, auf ein Minimum beschränken – und das bei einem relativ hohen Einstrahlungsgrad an Sonnenenergie. Das heißt, es gibt oft eine automatische Klimaanlage, automatischen Sonnenschutz. Der Nutzer hat ganz wenig direkten Einfluß auf seine Raumkonditionierung. Dieses Problem läßt sich zwischen den beiden Fassaden in einem Zwischenraum von 50 Zentimetern mit leichtem Instrumentarium auflösen. Man kann ein total transparentes Glas nehmen und dann die Sonneneinstrahlung durch eine Lamellenschicht, eine Screenschicht variabel dimmen. Das sind Möglichkeiten, die in den letzten Jahren zum ersten Mal diskutiert wurden, und die in diesem Projekt zum ersten Mal umgesetzt wurden. Das Gebäude ist natürlich ventilierbar, der einzelne Mitarbeiter steuert sein Raumklima individuell über ein Steuerungstableau neben der Tür oder noch simpler durch das Öffnen der Fenster. Selbst unter Anlegung sehr kritischer Maßstäbe kann man dieses Gebäude zu 70 Prozent des Jahres natürlich be- und entlüften. Darüber hinaus sind zwar unterstützende Klimatisierungen vorgesehen, die wir aber immer als "Gürtel zum Hosenträger" bezeichnet haben. Da es sich in diesem Fall fast um eine experimentelle Technik handelte, waren wir andererseits bereit, das Sicherheitsbedürfnis des Auftraggebers, das ich gut verstehen kann, zu akzeptieren. In weiteren Projekten werden wir versuchen, davon ein gutes Stück wegzukommen. Auch der Schritt von der Vollklimatisierung zur Teilklimatisierung spart bereits Gelder und Flächen, die anderweitig zu nutzen sind.

Was konnten Sie in der Auseinandersetzung mit den Brandschutzbestimmungen erreichen?
Bis zur Hochhausgrenze darf man die Brandabschnitte der Etagen einmal unterbrechen, also zwei Geschosse miteinander verbinden. Es gibt eine Reihe von Gebäuden mit mehr als zwei verbundenen Geschossen, bei denen die Bauordnung durch Sprinklerung zu umgehen war. Bei unserem Projekt konnten wir auch die Brandschutzanforderungen an Flure und Flurwände so weit zurücknehmen, daß eine Teilverglasung der Flurwände möglich, eine gewisse Transparenz innerhalb des Gebäudes erreicht wurde. Das zeigt den Vorteil von Hochhausprojekten, die sich in der Zusammenarbeit mit den Genehmigungsbehörden durch einen gewissen Mehraufwand in der Einzelzulassung auch neben der Bauordnung her bauen lassen. Unser Gebäude ist am Sinn, aber nicht am Wortlaut der Bauordnung orientiert.

In einer Reihe von diagrammatischen Zeichnungen wurden die Vor- und Nachteile eines zentralen und zweier dezentraler Kerne über alle Geschosse untersucht. Wegen der Transparenz in der Eingangshalle und im Gartengeschoß, der Flexibilität des Innenkerns in den Obergeschossen sowie der eindeutigen Orientierung wurden zwei außenliegende Kerne, in denen neben den Sicherheitstreppenhäusern und den Feuerwehraufzügen auch die Technikschächte angeordnet waren, Grundlage der weiteren Planung.

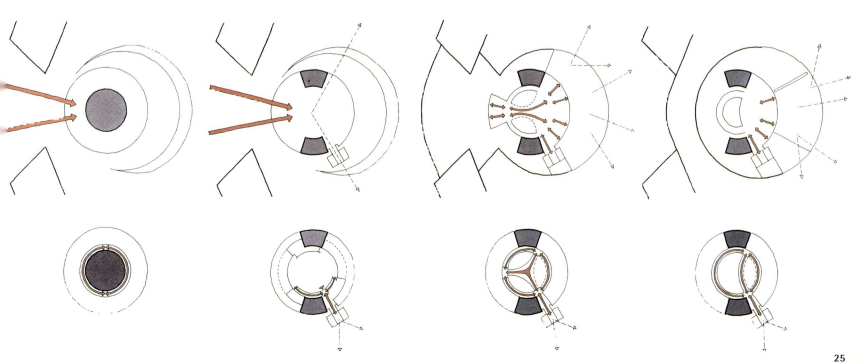

Commerzbank AG, Frankfurt, M., Kreuzgrundriß (M 1:1000)

Sie haben sich mit einigen prominenten Beratern umgeben, um die Problematik des Hochhauses umfassend zu erarbeiten. Wie sind Ihre Erfahrungen?

Nicht nur in Hinsicht auf Tragwerksplanung, Haustechnik, Physik und ähnliches, sondern auch im Hinblick auf das philosophische Herangehen an ein ökologisches Hochhaus wollten wir sehr umfassend arbeiten. Das hat uns zur Zusammenarbeit mit Frei Otto geführt, den wir gefragt haben, ob er uns als Mentor, als sehr viel älterer Lehrer und Gesprächspartner zur Verfügung stehen würde. Es war eine der schönsten Erfahrungen in meiner beruflichen Entwicklung, daß jemand über eineinhalb Generationen hinweg fast selbstlos Rat gibt. Das hat uns gemeinsam dazu gebracht, das Thema Hochhaus noch einmal neu zu definieren. Wir haben eine Negativkriterienliste bestehender Hochhäuser aufgestellt, um so festzustellen, daß ein ökologisches Hochhaus zunächst einmal ein "richtigeres" Hochhaus sein müßte. Eines, das die Aspekte der Kommunikation, der vertikalen und horizontalen Transparenz bewältigt. Normale Hochhäuser haben oft eine ganz armselige innenräumliche Qualität. Sie haben immer abgeschottete einzelne Etagen, die nichts miteinander zu tun haben. Räumlich, im Sinne von Gebäudeabschluß, Raumzuschnitt oder auch nur vertikaler Transparenz durch Atrien oder offene Treppen, haben sie praktisch nichts zu bieten. Abgesehen von spektakulären Hochhausprojekten für Hotels, die sich auf Bürohäuser aber nicht übertragen lassen.

Sind Ihre Entwürfe für die Commerzbank in Frankfurt und die RWE in Essen technisch-konstruktiv oder grundrißthematisch miteinander verwandt?

Nein, sie sind extrem unterschiedlich. Beide haben eine Kreisform im Grundriß. Aber die Commerzbank war aufgrund spezifischer funktionaler Anforderungen jenseits der Büroräume ein Kreis mit einem Durchmesser von 45 Metern, bei dem es keinen Sinn gemacht hätte, ihn ringsum mit Büros zu füllen, weil das eine viel zu große Innenfläche produziert hätte. Bei der RWE ist das anders. Das Hochhaus hat nur etwa 32 Meter im Durchmesser. Hier ist eine rings umlaufende Büroanordnung mit einem Ringflur möglich und eine prinzipielle Nutzung des verbleibenden Innenkerns mit Serviceeinheiten und der Vertikalerschließung. Durch die Gesamtform konnten wir ein ausgeglichenes Verhältnis zwischen Volumen und Oberfläche herstellen, eine erheblich kompaktere Gebäudeform, die wir mit einem zusätzlichen Luxus ausgestattet haben, indem wir aussteifende Kerne an die

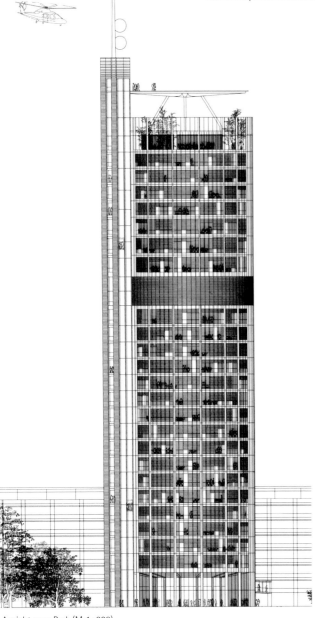

Ansicht vom Park (M 1:880)

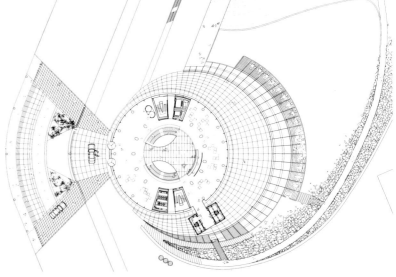

Erdgeschoß (M 1:1000)

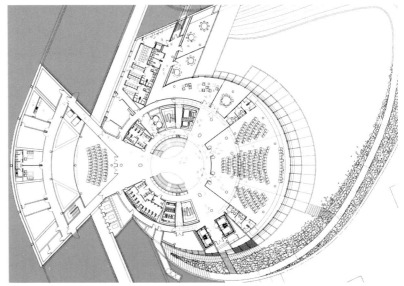

Gartengeschoß (M 1:1000)

Außenflächen gestellt haben. Einige Etagen bekamen so eine Innentreppe, ein Foyer und insgesamt mehr Luft im Innenraum. Auf diesen Vorteil wollten wir auch nach dem Wegfall des Helikopter-Landeplatzes auf dem Dach nicht mehr verzichten.

Wie flexibel ist die Organisation der Büros hinsichtlich der Systematik der Grundrisse?

Es gibt ein komplett flexibles Trennwandelementsystem, so daß man theoretisch große zusammenhängende Raumeinheiten schaffen könnte. Man muß diese Art von Flexibilität vorsehen, weil man davon ausgeht, daß die Hardware, also die Konstruktion, eine Lebensdauer bis zu 80 Jahren hat. Innerhalb der Lebensdauer eines Gebäudes ist demnach ein Mehrfachumschlag von Nutzungen denkbar. Allerdings haben wir es hier mehr oder weniger mit einer Zellenstruktur zu tun, die relativ dauerhafter Natur ist. Zellenbüros wird es auch in 20 bis 30 Jahren noch geben. Ob es dann noch Großraumbüros oder Kombibüros oder Milieubüros gibt, wird man sehen. Einzelbüros scheinen ein durchgängiger Faktor zumindest für bestimmte Nutzungen zu sein.

Kann man den Zylinder aufteilen und teilweise vermieten?

Das ist teilweise sogar geschehen. Es gibt zwei voneinander unabhängige Nutzungseinheiten, die zwar gemeinsame Einrichtungen nutzen, aber für sich betrachtet unterschiedliche Nutzungen darstellen. Es war durchaus geplant, gegebenenfalls noch ein, zwei weitere Nutzer aus dem Konzernumfeld mit hineinzunehmen, das ist aber mittlerweile durch die Belegung des Gebäudes eher unwahrscheinlich geworden.

Vom Zug aus habe ich beobachtet, daß die Glashaut aus der Ferne einen relativ geschlossenen Eindruck macht. Wie kommt es zu diesem Phänomen?

Die Glashaut, wie man sie aus der Ferne wahrnimmt, ist hauptsächlich die Glashaut des Schaftes in ihrer Gesamterscheinung, also nicht der Ausschnitt, den man aus der Fußgängerperspektive wahrnimmt, wo durch sehr viel Leben und sehr viele Einzelheiten eine andere Situation erzeugt wird. Von weitem gibt es keine geschlossene Fassade im Sinne von Abgeschlossenheit. Es gibt aber einen Eindruck von...

... kleinteiliger Fassadenstruktur?

Ja, was wir immer "Hochhaus in Aspik" genannt haben. Es gibt eine Aspikschicht außen, die man wahrnimmt, das ist die äußere Glasscheibe. Die Einheit der Form durch die Glasfassade, die alles zusammenhält, war uns sehr wichtig. Dadurch kommt die minimalistische Zeichenhaftigkeit des Gebäudes zustande. Diese spannungsvolle glatte äußere Erscheinung wollten wir nicht durch Profile stören. Sobald man draußen Profile einsetzt wie beispielsweise beim Seagram Building, bekommt das Ganze eine klassizistische Anmutung. Es gab jedoch Überlegungen zur aerophysikalischen Funktion solcher Profile, um die notwendige Feinverwirbelung auf der Fassade herzustellen. Wir haben dabei festgestellt, daß die kleinen Öffnungen zur Belüftung ausreichende Verwirbelungen an der Oberfläche erzeugen, so daß keine weiteren Profilierungen notwendig waren.

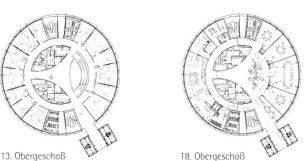

13. Obergeschoß (M 1:1000) 18. Obergeschoß 23. Obergeschoß

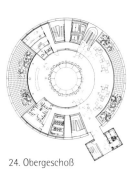

24. Obergeschoß

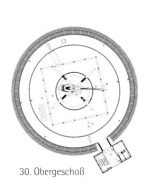

30. Obergeschoß

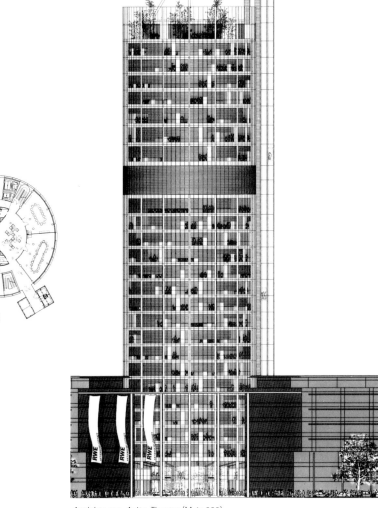

Ansicht vom Aalto-Theater (M 1:880)

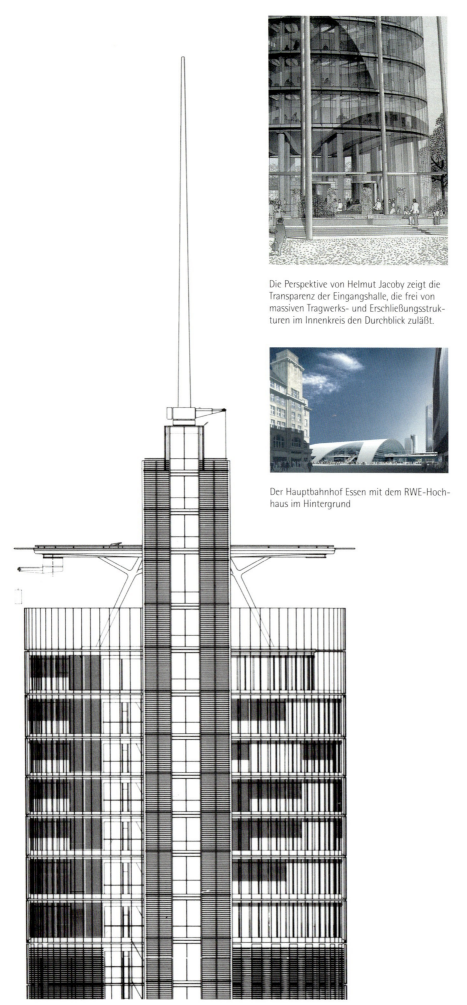

Die Perspektive von Helmut Jacoby zeigt die Transparenz der Eingangshalle, die frei von massiven Tragwerks- und Erschließungsstrukturen im Innenkreis den Durchblick zuläßt.

Der Hauptbahnhof Essen mit dem RWE-Hochhaus im Hintergrund

Fassadenausschnitt mit Aufzugsturm und Helikopterlandeplatz (M 1:360)

Wozu ist diese Verwirbelung notwendig?
Ein Haifisch hat auch keine glatte Haut. Die Geschwindigkeit, mit der er durchs Wasser gleitet, wird durch die Rauhigkeit seiner Haut erhöht, weil diese eine Miniverwirbelung des Wassers erzeugt. Diese Verwirbelung verbessert die Aerodynamik. Eine Erkenntnis, die heute beispielsweise im Flugzeugbau umgesetzt wird, indem man leicht rauhe Lacke für die Oberflächen verwendet, was den Treibstoffverbrauch teilweise erheblich senkt. So ähnlich muß man sich das bei einem Gebäude vorstellen. Der anströmende Wind soll sich laminar, das heißt glatt und eng an das Gebäude anlegen. Im Bereich der Einlaßschlitze für die Fensterdurchspülung braucht man eine gewisse Feinverwirbelung, damit in mehreren Richtungen Wind eintreten kann. Es hat für unser Gebäude eine ganze Reihe von Windversuchen gegeben, Makro-, Mikro-Serien, um städtebaulich Behaglichkeit zu gewährleisten. Zum Beispiel dürfen die Vorfahrt oder der öffentliche Platz nicht durch Fallwinde beeinträchtigt werden. Es gab wissenschaftliche Untersuchungen bis hin zur Frage, wieviel Winddruck es bei welchen Wetterlagen auf der Fassade gibt, und welche Auswirkung dies auf die Durchspülung der Fassadenzwischenräume oder auch die Möglichkeit der natürlichen Be- und Entlüftung der Räume hat. Als Grundlage dafür brauchte man Windkanaltests, die die entsprechenden Daten lieferten. Damit haben wir relativ früh begonnen, und das hat dann in der Folge zu einer ganzen Serie von Tests geführt, mit denen wir versucht haben, diese Fassade zu entwickeln. Mit Fachleuten der Fassadenfirma Gartner, diversen Bauphysikern und Fassadenberatern hat man dann in Mock-ups, Modellversuchen, Designversuchen und technischen Versuchsanordnungen die Durchspülung der Fassade, die Reinigungsfähigkeit, die Wartungsfähigkeit, die Vormontierbarkeit der Fassade und ihre Elementierung zu generieren versucht. Das war ein langwieriger Designprozeß, der zu einer Art Fertigteil geführt hat, das jeweils auf der Fassade ein Geschoß hoch ist. Tausende solcher Fertigteile wurden relativ schnell im Bauablauf montabel gemacht.

Ihr Entwurf für die Umgestaltung und den Ausbau des Bahnhofs im Rahmen des Projekts Passarea läßt sich wie das RWE-Hochhaus als signalhaft beschreiben. Liegt darin eine Konstante Ihrer Arbeit?
Durch das Herunterziehen des Daches auf den Fußboden an einigen Stellen erreichen wir eine sehr starke formale Stringenz, die eine Superzeichenwirkung entfalten wird und darüber hinaus als flaches Gebäude im Stadtraum wirkt. Wir haben versucht, eine Art Gleichgewicht zwischen den Türmen und diesem flachen Bogen des Bahnhofs herzustellen, den man, wenn man auf die Stadt zugeht, zunächst von oben wahrnimmt. Das ist eine interessante räumliche Wirkung, und so entsteht ein wahres Zentrum der Stadt. Essen hat somit ein Bekenntnis zu seiner Kernstadt abgelegt.

Früher gab es eine Gediegenheit des Handwerklichen, die offenbar heute noch Sehnsüchte freisetzt – auch in Berlin.
Die kriegt man nicht mehr. Das ist vorbei. Das ist eine rückwärtsgewandte Melancholie, die ich selbst kenne und manchmal teile. Aber ich sehe in unserem Hochhaus für die RWE ein Gebäude, das diese Qualität auf eine ganz andere Art produziert, über die Kontrolle eines industriellen Fertigungsprozesses, wobei große Qualitäten gerade in den Details, in den Wiederholungen möglich sind.

Modellansicht von der Parkseite

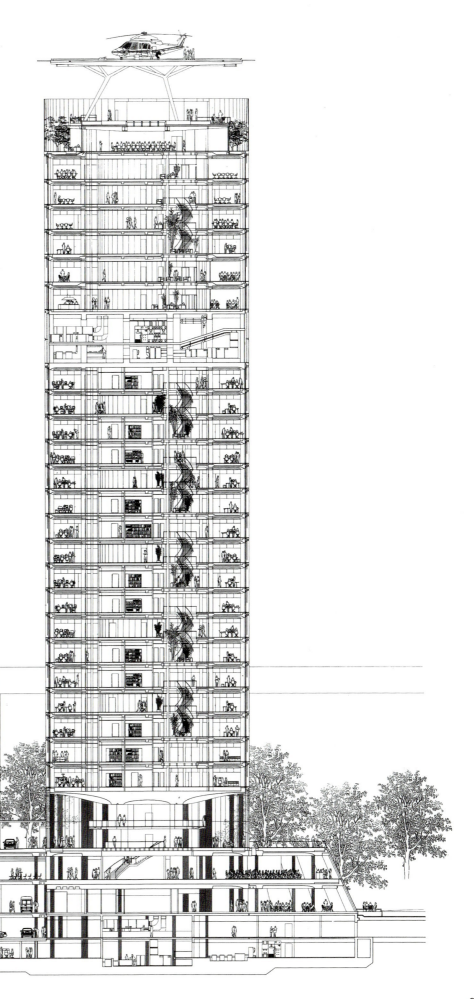

Der Schnitt vom Vorplatz (M 1:560), durch das Hochhaus zum Park zeigt die Einpassung der Sockelgeschosse in den vorhandenen Geländesprung vom Straßenniveau zum Parkniveau sowie den strukturellen Aufbau des Hochhauses.

Rundgang

Der öffentliche Raum zwischen dem Aalto-Theater und der RWE-Zentrale ist geprägt von einer überdimensionierten Straßenkreuzung zwischen der Rolandstraße/Gutenbergstraße und der Rellinghauser Straße. Die Neugestaltung dieses Bereiches geht von der Reduzierung des Durchgangsverkehrs im Rahmen der übergreifenden Verkehrsplanung für den Gesamtbereich Dienstleistungszentrum Stern bis zum Essener Hauptbahnhof aus. Durch die Verlagerung der verbleibenden öffentlichen Nahverkehre (Bus und Straßenbahn) in den Randbereich des Platzes entsteht die Möglichkeit zur Gestaltung eines hochwertigen Stadtraumes. Er verbindet über die Rellinghauser Straße fußläufig die Essener Einkaufsstadt und den Hauptbahnhof Essen im Norden mit dem anliegenden Aalto-Theater, dem Stadtgarten und dem Saalbau im Süden. Die neu entwickelten Quartiere entlang der Rellinghauser- und Gutenbergstraße werden aufgewertet und in das städtische Gesamtgefüge eingebunden. Das Aalto-Theater, zur Zeit ausschließlich dem Stadtgarten zugewandt, erhält eine zusätzliche attraktive Seite.

Der Stadtgarten wird über den Opernplatz, den Vorplatz und die Vorfahrt sowie über die umlaufende Terrasse des Hochhauses mit dem RWE-Park verbunden. Die Vernetzung der innerstädtischen Grünflächen, die Umgestaltung und Begrünung der Straßenräume und die Gestaltung der Außenanlagen sind wesentlicher Bestandteil des lanschaftsplanerischen Gesamtkonzeptes.

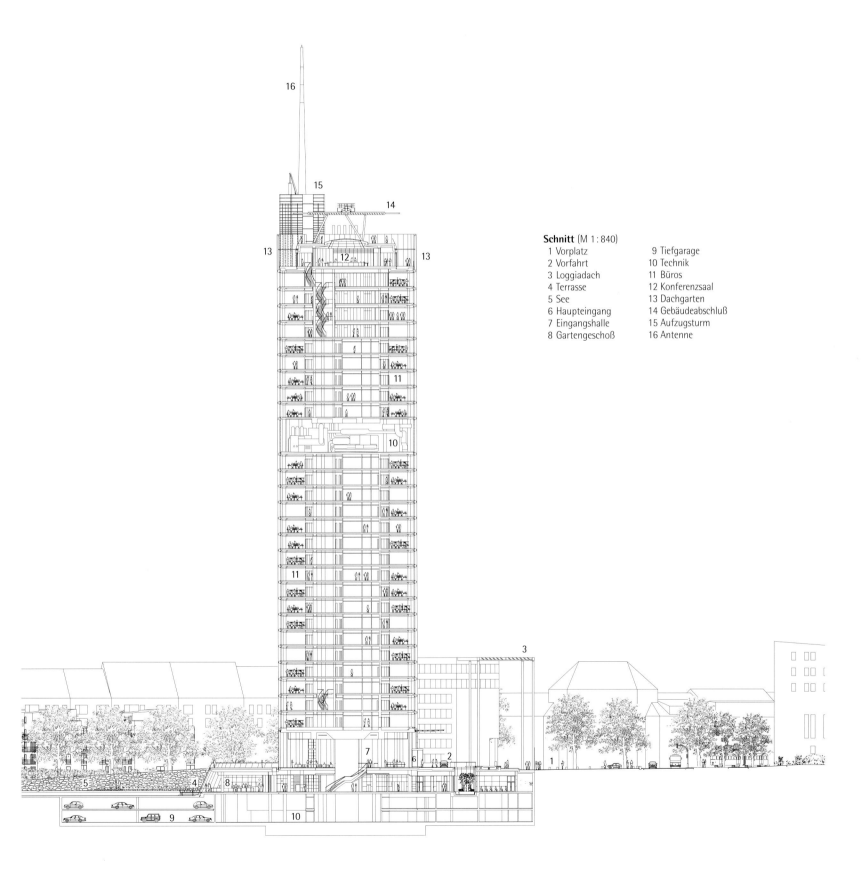

Schnitt (M 1:840)
1 Vorplatz
2 Vorfahrt
3 Loggiadach
4 Terrasse
5 See
6 Haupteingang
7 Eingangshalle
8 Gartengeschoß
9 Tiefgarage
10 Technik
11 Büros
12 Konferenzsaal
13 Dachgarten
14 Gebäudeabschluß
15 Aufzugsturm
16 Antenne

Die Transferstruktur der Eingangshalle, Sichtbetonstützen und Wandscheiben zeigen das Konstruktionsprinzip des Gebäudes und die Verteilung der Lasten im Erdgeschoß. In die ca. 2 m hohe Stahlbetondecke sind Deckensegel mit indirekter Beleuchtung eingehängt.

Erdgeschoß (M 1:830)
1 Opernplatz
2 Vorplatz
3 Vorfahrt
4 Haupteingang
5 Pförtner
6 Glasaufzüge
7 Lounge
8 Luftraum
9 Lobby
10 Liftlobby
11 Wasserbecken
12 Lichthof
13 Terrasse
14 Seeterrasse
15 See
16 RWE-Park

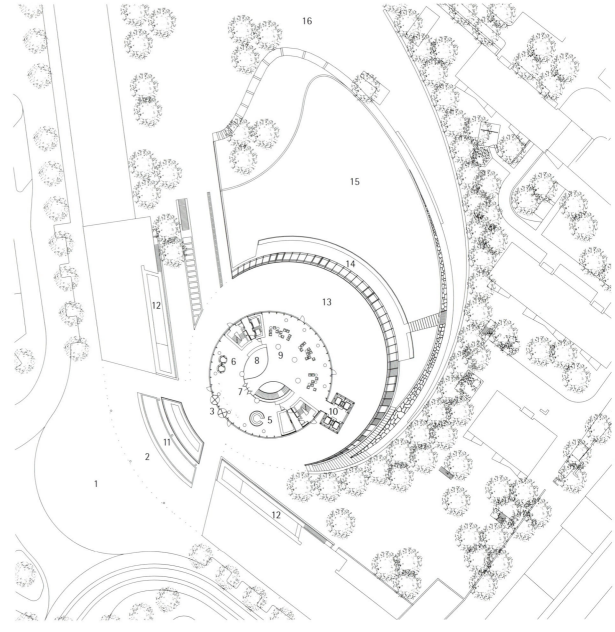

Mit den beiden Glasaufzügen können die Mitarbeiter aus der Tiefgarage in die Eingangshalle fahren.

Langgestreckte Innenhöfe mit Wasserbecken und Bambusbepflanzungen belichten die innenliegenden Speise- und Besprechungsräume der Gartenebene.
Rechts: Die sichelförmigen Deckenausschnitte zwischen Erdgeschoß und Gartengeschoß gliedern und erweitern die Eingangshalle. Sie nehmen eine geschwungene Innentreppe auf und erlauben die natürliche Belichtung des Untergeschosses.

Gartenebene (M 1:900)
1 Liftlobby
2 Glasaufzüge
3 Verbindungstreppe
4 Foyer
5 Cafeteria
6 Restaurant
7 Bar
8 Speiseräume
9 Essensausgabe
10 Küchenräume
11 Lounge
12 Konferenzräume
13 Lichthof
14 Seeterrasse
15 See
16 RWE-Park

Die Gartenebene verbindet das Hochhaus mit dem Park. Ein natürlicher Höhenunterschied macht die auf den Park ausgerichtete Basis des Hochhauses mit Tageslicht belichtbar. Alle Restaurant- und Konferenzbereiche sowie die zugehörigen Funktionsräume organisieren sich ringförmig um den freigestellten Hochhausgrundriß.

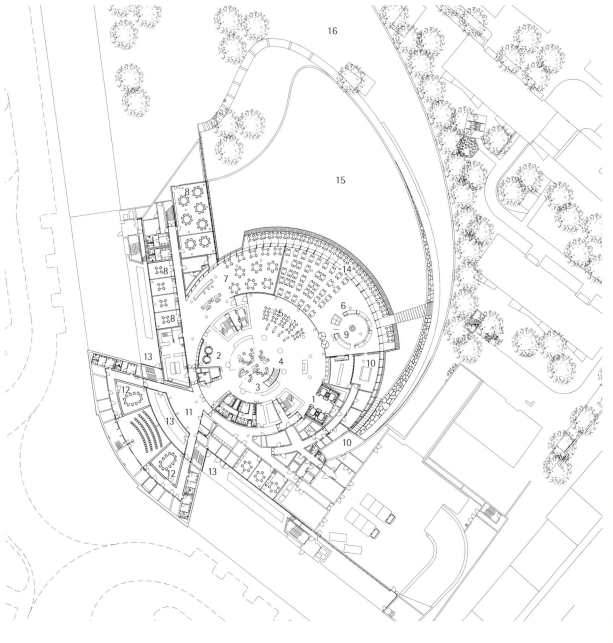

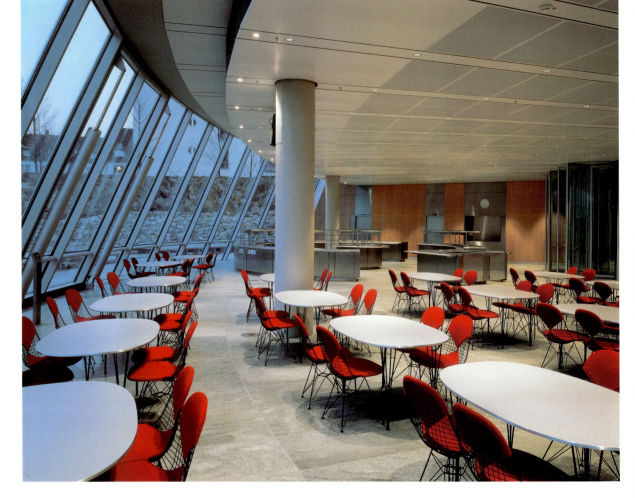

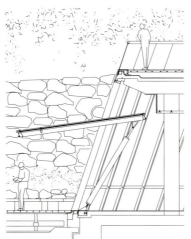

Das Mitarbeiter-Restaurant und die Speiseräume in der Gartenebene orientieren sich über eine schräggestellte, geschoßhohe Cockpit-Fassade zum Park und zum See. Die vorgelagerte Terrasse wird über hydraulische Hubtore erschlossen und verbindet Innen- und Außenraum miteinander.

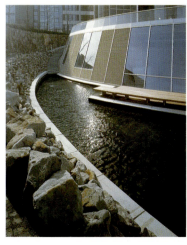

Der See und die geschwungene Natursteinwand bestimmen den Charakter der Außenanlagen im Park. Der See wird durch eine Wasserkaskade gespeist, die zwischen der Natursteinwand und dem Gebäudesockel entspringt. Parallel zum See verläuft ein Rundgang, der auch mit dem öffentlichen Wegenetz verbunden ist.

Die Erschließung der Hochhausgeschosse erfolgt über den freistehenden Aufzugsturm. Der Ausblick aus den verglasten Aufzugskabinen und Verbindungsstegen erleichtert die Orientierung.

Oben: Die Kabinen und Steuerungstableaus der Aufzüge wurden mit der Firma Thyssen speziell für dieses Projekt entwickelt.
Links: Die Aufzugslobby im Erdgeschoß wird über Downlights, die sich im Aussteifungsrahmen dieses zweigeschossigen Bereiches befinden, zusätzlich akzentuiert.

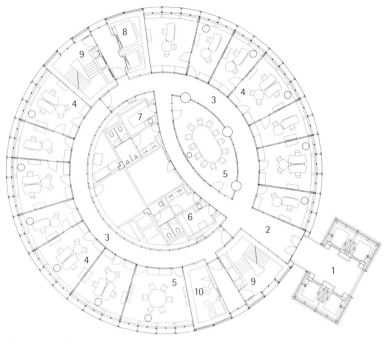

Normalgeschoß (M 1:320)
1 Liftlobby
2 Zugangsflur
3 Ringflur
4 Büro
5 Besprechung
6 Service
7 Teeküche
8 Feuerwehrlift
9 Fluchttreppe
10 Technik

Durch die kreisförmige Grundrißorganisation wird der Arbeitsbereich der Büroräume am Fenster größer, die Nebenzone beschränkt sich dagegen auf das Notwendige. Die unterschiedlichen Tageslichtcharakteristika können über außenliegende Sonnenschutzlamellen und semitransparente textile Blendschutzscreens individuell gesteuert werden.

Die Büroräume werden über eine geschoßhohe, zweischalige Glasfassade natürlich belichtet und belüftet. In die rückwärtigen, oben verglasten Trennwände mit Glasoberlicht sind die Schränke und das Steuerungstableau integriert.

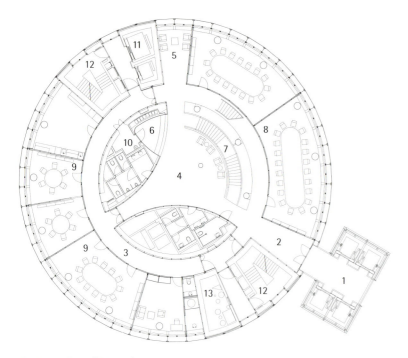

Konferenzebene (M 1:320)
1 Liftlobby
2 Zugangsflur
3 Ringflur
4 Lounge
5 Sky-Lobby
6 Bar
7 Innentreppe
8 Konferenz
9 Besprechung
10 Service
11 Feuerwehrlift
12 Fluchttreppe
13 Technik

Die Besprechungsräume in der Konferenzebene des Hochhauses organisieren sich um den Innenbereich mit seinen geschoßverbindenden Treppen und Lounges. Alle Konferenzräume können individuell belichtet und verdunkelt werden und sind mit der notwendigen Technik für Vorträge und Besprechungen ausgestattet.

Deckenausschnitte und gläserne Innentreppen verbinden geschoßübergreifende Nutzungseinheiten miteinander. In den Innenzonen befinden sich Aufenthaltsbereiche und Lounges mit den dazugehörigen Service-Einrichtungen.

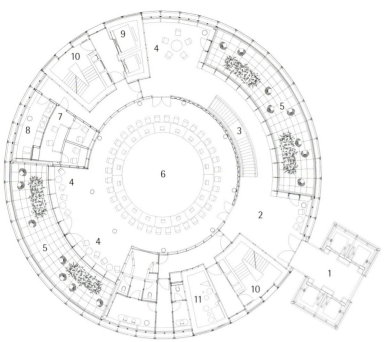

Konferenzsaal (M 1:320)
1 Liftlobby
2 Zugangslobby
3 Innentreppe
4 Gesprächsfoyer
5 Dachgarten
6 Konferenzsaal
7 Regie
8 Service
9 Feuerwehrlift
10 Fluchttreppe
11 Technik

Der kreisrunde Konferenzsaal mit den dazugehörigen Regie-, Kommunikations- und Technikausstattungen wird über eine Glaskuppel und geschoßhohe Glasfassaden natürlich belichtet. Die beiden vorgelagerten halbkreisförmigen Dachgärten bieten eine ungestörte Fernsicht auf Essen und das Ruhrgebiet.

Dachterrasse (M 1:320)
1. Dachterrasse
2. Glaskuppel
3. Lifttechnik
4. Fluchttreppe
5. Technik

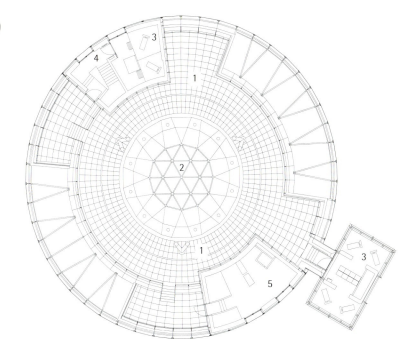

Eine kreisförmige, aufgeständerte Stahlkonstruktion oberhalb der Dachterrasse ist zusammen mit dem auskragenden Glasschirm Teil des Gebäudeabschlusses des Hochhauses.

Die Lamellen dienen der Tageslichtumlenkung und als Sonnenschutz für den darunterliegenden Konferenzsaal. In den Aluminiumoberflächen spiegelt sich die natürliche und künstliche Lichtatmosphäre wider.

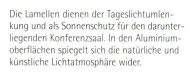

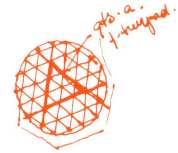

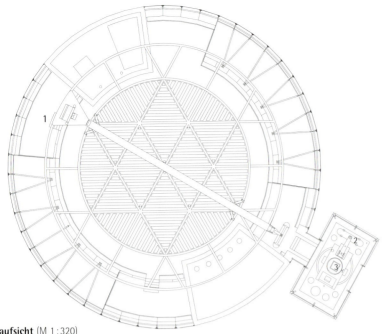

Dachaufsicht (M 1:320)
1 Befahranlage Hochhaus
2 Befahranlage Aufzugsturm
3 Antenne

Gebäudeabschluß (M 1:320)
1 Büros
2 Innentreppe
3 Konferenzsaal
4 Gesprächsfoyer
5 Dachgarten
6 Glaskuppel
7 Befahranlage Hochhaus
8 Befahranlage Aufzugsturm
9 Aufzugsturm
10 Antenne

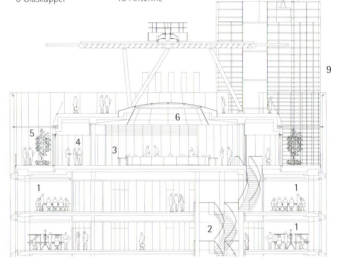

Der freistehende Aufzugsturm überragt die Glasfassade des Hochhauses und bildet zusammen mit der Antenne den Abschluß des 162 m hohen Gebäudes. Die Konstruktion des Aufzugsturms besteht aus einem vollständig verglasten Stahltragwerk mit vorgesetzten Sonnenschutzlamellen.

Tragwerk
Michael Dickson

Viele Erfahrungen, die wir bei der Teilnahme an dem zur RWE-Verwaltung parallel laufenden Wettbewerb für den Hauptverwaltungsturm der Commerzbank in Frankfurt gemacht haben, flossen auch in die Planungen für die DLZ-Stern Hauptverwaltung der RWE Aktiengesellschaft in Essen ein.

In Frankfurt sollte sich der 200 Meter hohe Turm mit einer äußeren, zylindrischen Glasfassade über einem niedrigeren, gemischt genutzten Gebäudekomplex befinden, der über eine direkte Anbindung an die beiden bereits vorhandenen Bankgebäude und die U-Bahn-Station verfügt. Als ein glatter Zylinder bietet der Turm den geringsten Windwiderstand für die Auslegung als außen versteifte Röhre. Der Turm ist über einem Eingangstrakt mit doppelter Stockwerkshöhe in fünf Sektionen mit einer Höhe von acht Stockwerken und dazwischenliegenden, nicht unterteilten Maschinenräumen gegliedert. Der zwischen dem quadratischen Büroplan und dem Zylinder verbleibende Raum bildet vier linsenförmige "Luftgärten". Alle Büros erhalten durch die thermische Masse der Stahl-Beton-Verbundkonstruktion und die Saugluftentlüftung sowie durch den in Leichtbauweise ausgeführten Boden eine individuelle Umgebung mit "hohem Außen-Bewußtsein" und minimalen Betriebskosten. Jedes Büro verfügt über einen Blick auf das innere Atrium und die darunterliegende Stadt.

Die erfolgreiche Teilnahme an dem Wettbewerb für den RWE-Turm erlaubte es uns, in Zusammenarbeit mit König und Heunisch sowie der HL-Technik AG, München, die Ideen aus dem Commerzbank-Wettbewerb weiter zu entwickeln. Dieser Turm ist im Durchmesser etwas kleiner als sein Vorgänger. Bei 25 Stockwerken beträgt der Durchmesser 32 Meter, womit sich ein Ausschnitt in der Decke erübrigt, um den Zutritt von Licht und eine Ventilation zu ermöglichen. Darüber hinaus ist er, unter Verwendung von Beton-Ringkernen, nach einer völlig anderen Stabilitätsstrategie ausgelegt. Trotzdem hat er viel von seinem Vorgänger geerbt, so zum Beispiel die 0,5 Meter dicke, doppelt verglaste Fassade, die gegossenen, glattflächigen Laibungen, die zusammen mit den kühlbaren Trägern eine thermische Masse für die Kühlung bilden, sowie die Unterteilung des Gebäudes in drei Stockwerke hohe "Dörfer", von denen jedes eine Abteilung der vielfältig gegliederten RWE Aktiengesellschaft beherbergen sollte.

Der Rohbau, der auf der nachstehend beschriebenen Konstruktion beruht, ist von Hochtief fertiggestellt worden. In diesem Abschnitt wird der erste Vorentwurf für die tragende Struktur und das Versorgungselement beschrieben. Die Konstruktion wurde zwar in der Folge, während der Entwicklungsphase durch Hochtief, modifiziert, doch enthält auch das fertige Gebäude noch viele der wichtigen Prinzipien des Vorentwurfs.

Commerzbank AG Frankfurt, M., Modellaufnahme

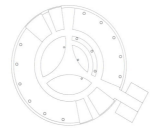

Oben: Das Diagramm zeigt die Übereinstimmung von Konstruktion, Erschließungssystem und Flächenökonomie des Kreisgrundrisses.
Rechts: Die Nachtaufnahme zeigt die Logik der Tragkonstruktion des Hochhauses. Durch die gläserne Fassade wird sie von außen deutlich sichtbar und somit Bestandteil des ästhetischen Konzeptes.

Das Hochhaus

Die an der Außenseite des Gebäudes liegenden Büroräume sind vom Boden bis zur Decke verglast. Die Nutzer können ihr Raumklima durch Öffnen der Fenster zur außen verglasten Pufferzone hin selbst regulieren. Die Decke der Büros besteht aus einer freiliegenden, strukturierten Stahlbetonlaibung, die eine optisch anregende Oberfläche bildet. Zur Aufnahme der integrierten Kühlträger "Surfboards", ausgelegt, bildet die Bodenplatte eine zusätzliche thermischen Masse. Baulich wirkt sie als sich wiederholende, radial verrippte Platte mit einer Spannweite von 5,2 Meter zwischen den äußeren und inneren Säulenringen. Bei einer Gesamtdicke von 625 Millimetern nimmt sie die Deckenelemente auf und minimiert das Volumen des erforderlichen Stahlbetons. Die innere Versorgungszone beinhaltet die als Träger / Plattenanordnung ausgeführten Kernelemente mit einer abgehängten Decke. Von der Umfangszone wird sie durch einen 800 Millimeter dicken, mit Durchbrüchen für Versorgungseinrichtungen versehenen Ringträger getrennt.

Zwei Kerne am Umfang des Turms beinhalten die Fluchttreppenhäuser, Aufzüge und die Versorgungssteigleitungen. Sie haben waagerechte Abmessungen von etwa 10 x 6 Meter. Ihre Wanddicke nimmt von unten 500 Millimeter bis zum oberen Rand des Gebäudes auf 300 Millimeter ab. Die runden Säulen am Umfang des Gebäudes bestehen aus Sichtbeton der Qualität 40 und verringern ihren Durchmesser von 600 Millimetern im unteren Bereich auf 400 Millimeter an der Spitze des Gebäudes, während die innere Säulenreihe rautenförmig mit Abmessungen von 950 Millimeter x 450 Millimeter im unteren Bereich und 550 Millimeter x 450 Millimeter im oberen Bereich des Gebäudes ausgeführt ist. Die Säulen in der inneren Zone reichen vom 2. bis zum 17. Stockwerk und dann wieder vom 19. bis zum 26. Stockwerk. Sie übertragen ihre Lasten auf die Kerne und Hauptsäulen und sichern somit die seitliche Stabilität der Kerne auf der Fundamentebene.

Der Turm ist teilweise auf Kalk- und teilweise auf Sandstein mit zwischen den beiden Schichten eingelagerten Kohlebändern gegründet. Verwendet wird ein 2 Meter dickes Plattenfundament, das unter den Kernen und Säulen auf 3 Meter Dicke verstärkt ist. Unterschiedliche Setzungen zwischen dem harten Kalkstein und dem weicheren Sandstein wurden von dem Erdbaulaboratorium berechnet und bei den Querverlagerungen und den Zusatzlasten berücksichtigt.

Zur Erhöhung der Flexibilität wurden die Bodenplatten für eine aufgebrachte Last von 5 kN/m², einschließlich der Leichtbautrennwände, angelegt. Bei der Auslegung der senkrechten Struktur kamen die Standard-Bürolasten der DIN 1055 in Höhe von 2,75 kN/m² plus Trennwände mit einer Reduzierung um bis zu 40 Prozent für Verkehrslasten zur Anwendung.

Auf der 2. Etage, über dem Eingangsbereich mit doppelter Geschoßhöhe, bildet eine tief radial verrippte Trägerplatte, die sich von einer maximalen Tiefe von 2 Meter in der Mitte der Spannweite nach vorn verjüngt, eine klar gegliederte Eingangslobby. Auf der 18. Etage, wo für den mit doppelter Höhe ausgeführten Anlagenraum ein großer säulenfreier Raum benötigt wurde, wird die Last durch ein System von Betonfachwerken und als tiefe Träger wirkenden Wänden von der inneren Zone auf die Hauptsäulen und Kerne übertragen.

Unten: In einer frühen Phase wurde eine geformte Stahlbetonkonstruktion entworfen, die unter Minimierung des Eigengewichtes eine hohe Spannweite der Decken ermöglicht. Die Wölbungen der Decken maximieren die absorbierende Oberfläche und bieten Platz für technische Einbauten (Surfboard).

Aussteifungsstruktur

Die Windlasten wurden in Windkanalversuchen ermittelt, die bei der IFI in Aachen durchgeführt wurden. Hierbei ergaben sich, vor allem aufgrund des äußeren, verglasten Aufzugschachts, Lasten, die erheblich über den nach der DIN 1055 zu erwartenden lagen. Eine Analyse war auch zur Berücksichtigung der möglichen Abweichungen von der Senkrechten, der Exzentrizität der Lasten und der unterschiedlichen Abweichungen und Setzungen erforderlich. Anhand von linearen elastischen Computer-Modelluntersuchungen unter Verwendung örtlicher Modelle von Untersektionen wurden vereinfachte äquivalente Elemente erstellt, die dann bei einem verkleinerten Ganzmodell für die Untersuchung der Querversteifungsstruktur des Turms benutzt wurden.

Die Kerne sind die Elemente, die die Hauptquerlasten aufnehmen. Obwohl sie durchaus in der Lage sind, Biegebeanspruchungen um ihre starke Achse ohne exzessive Auslenkung zu überstehen, sind sie über eine Fachwerk-

Städtebauliches Volumenmodell des Macro-Windkanalversuchs

struktur zwischen den Etagen 18 und 20 zu einem gigantischen Portalrahmen verbunden. Zum Zeitpunkt der Übergabe der Planungsunterlagen an Hochtief wurde eine Untersuchung der lateralen Steifigkeit des Turms durch einen Vergleich zwischen einem rechteckigen Hauptquerfachwerk und einem offeneren Vierendeel-Fachwerk vorgenommen. Der innere Ring der linsenförmigen Säulen ist ebenfalls in diese Struktur eingebunden, um auch diese Säulen zur Erhöhung der Biegesteifigkeit des Turms heranzuziehen.

Die endgültige statische Querablenkung wurde mit etwa 270 Millimetern ermittelt, was unter maximaler Sturmspitzenlast einem Spitzenwert von 500 Millimetern entspricht. Ebenfalls vorhanden ist ein gewisser Grad von Torsion, die durch das Vorhandensein der äußeren Aufzugschächte eingebracht wird. Die Beschleunigungen wurden von Hand ermittelt, dabei ergab sich, daß sie ausreichend weit unter den allgemein akzeptierten Grenzwerten von 20 mg liegen. Ihre Wiederholfrequenz beträgt 10 Jahre.

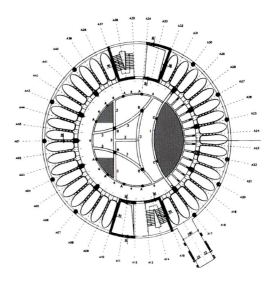

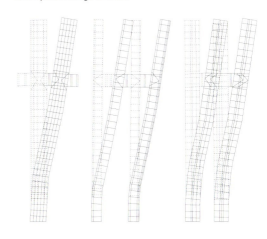

Die Diagramme zeigen die Verformungen bei unterschiedlichen Steifigkeiten der Tragkonstruktion und des Kopftragwerks im Technikgeschoß.

Konstruktion
Lothar Stempniewksi und Heinrich Hacke

Ein Bürogebäude mit Format
Baugrund und Gründungsmaßnahme
Das Baugelände liegt im Zentrum der Stadt zwischen Rellinghauser-, Gutenberg-, Wiesen- und Gärtnerstraße auf dem Grundstück der ehemaligen Stern-Brauerei. Nach Abriß der Brauerei wurde im ersten Bauabschnitt Süd circa 17.000 m^2 Grundfläche um circa 13 Meter abgesenkt.

Der kompakte, stark zerklüftete Oberkarbon aus grauen Sandsteinen und Steinkohlenflözen wird überlagert von 1 Meter bis 2 Metern tonigmergeligen Fein- und Mittelsanden (Essener Grünsand) sowie Löß- und Aueablagerungen von circa 5 Meter.

Entlang der Rellinghauser-, Gutenberg- und Gärtnerstraße wurde die 13 Meter tiefe Baugrube durch zwei- beziehungsweise dreifach rückverankerten Berliner Verbau mit Holzausfachung – in Teilbereichen mit Spritzbeton – gesichert. Längs der vorhandenen Bebauung an der Wiesenstraße wurde ein Verbau aus mehrfach rückverhängten Bohrpfahlwänden mit Spritzbetonausfachung errichtet. Die Pfähle mit einem Durchmesser von 0,70 Meter wurden im Beton der Festigkeitsklasse B 25 hergestellt. Zwei an die Baugrube grenzende Wohnhäuser wurden mit einer rückverankerten tangierenden Bohrpfahlwand – Pfahldurchmesser 0,70 Meter – ebenfalls aus B 25 abgefangen.

Aufgrund des zerklüfteten Karbongesteins und der Grundwasserabsenkung durch den Bergbau ist ein ungestörter Grundwasserspiegel erst in größeren Tiefen vorhanden.

Konstruktion der einzelnen Bauwerke
Randgebäude
Die beiden Gebäude der Randbebauung sind annähernd baugleich. Sie bestehen aus zwei Untergeschossen, dem Ergeschoß und sieben Obergeschossen. Als Gründung kam eine kombinierte Balken-Platten-Konstruktion zur Ausführung. Die statische Konstruktion ist ein Skelettbau mit tragenden Wänden und Stützen. Um für den technischen Ausbau weitgehend flexibel zu sein, wurden die Regelgeschoßdecken als 2,5 Meter dicke Flachdecken ausgeführt. Die Regelspannweite des Rasters betrug 6,75 Meter x 7,50 Meter. Die Aussteifung der Gebäude erfolgte durch die Giebelwände und die Kerne. Die Verkehrslast wurde in allen Etagen mit 5 kN/ m^2 angesetzt, außer in den Technikbereichen (10 kN/ m^2).

Hochhaus
Das vom Architekten Christoph Ingenhoven verfolgte Konzept einer sehr transparenten Struktur für das Hochhaus wurde erreicht, indem eine Minimierung aller Querschnitte vorgenommen wurde. Als Begrenzung wurden die horizontalen Verformungen des gesamten Baukörpers festgelegt.

Die 3 Untergeschosse des Hochhauses wurden im Regelfall als Flachdecken (d = 30 Zentimeter bis 40 Zentimeter) erstellt. Die vorhandenen Spannweiten sind sehr unterschiedlich – von 5 Meter im Regelbereich bis zu 15 Meter. Bei den großen Spannweiten mußten Unterzüge angeordnet werden. Im Bereich der Kaskade und des angrenzenden Sees waren wegen komplexer geometrischer Verhältnisse sehr aufwendige Schalungsarbeiten erforderlich.

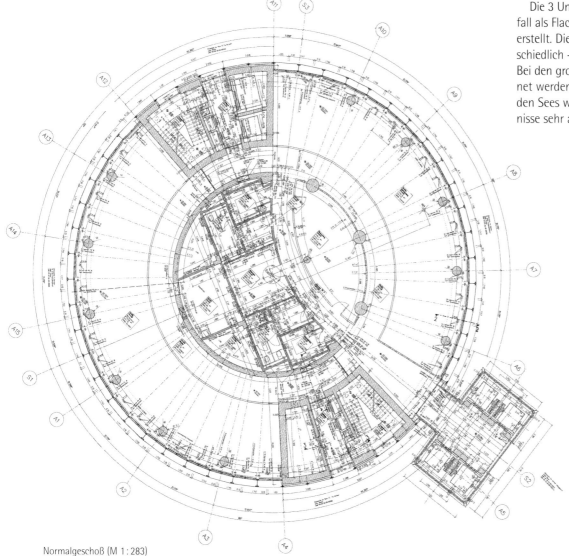

Normalgeschoß (M 1 : 283)

Normalgeschosse
Die Stahbetonarbeiten der Normalgeschosse wurden in drei Betonierabschnitte geteilt. Hierzu wurde im kreisrunden Deckengrundriß circa 1 Meter parallel zur Symmetrieachse eine Arbeitsfuge angeordnet. Wochenweise versetzt konnte somit gleichzeitig in vertikalen und horizontalen Bauteilen gearbeitet werden. Generell wurden Großflächenschalungs-Elemente eingesetzt. Die Außenschalung der Treppenhauskerne sowie der Versorgungsschächte wurde doppelt vorgehalten. Die zugehörige Innenschalung konnte in beiden Betonierabschnitten eingesetzt werden.

Die Konstruktion des außenliegenden Aufzugs, bestehend aus zwei Wandscheiben und der Flurdecke, bildete den dritten Betonierabschnitt. Dieser folgte – bedingt durch die auskragende Klettergerüstkonstruktion – im Abstand von zwei Geschossen. Die Deckenschalung bestand aus vorgefertigten Deckentischen mit zum Teil integrierter Balkenschalung. Diese wurde mit einem Entenschnabel zügig in das nächste Geschoß umgesetzt. So konnte der vorgegebene Zweiwochenrhythmus sogar unterschritten werden.

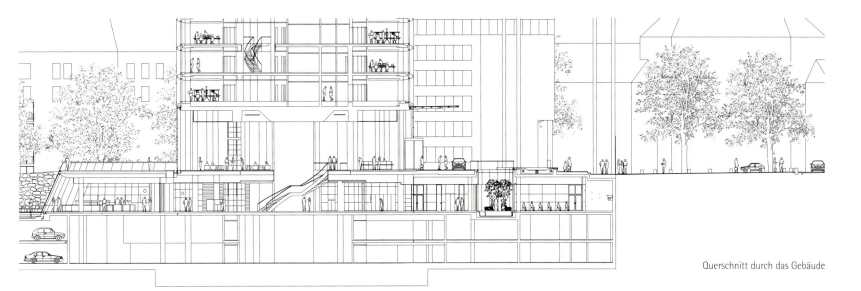

Querschnitt durch das Gebäude

Die Eingangshalle des Hochhauses wird von einer speichenähnlichen bis zu 2 Meter dicken Decke überspannt. Die repräsentativen Erdgeschoßflächen übernehmen gleichzeitig die Funktion einer Lastverteilung für die horizontalen Lasten. Da die Innenwände in den Regelgeschossen oberhalb der Erdgeschoßdecke enden, müssen die darin enthaltenen Aussteifungskräfte über die Decke vollständig in die Treppenhauskerne verteilt werden.

Die Regelgeschoßdecken wurden als Flachdecken mit d = 25 Zentimeter ausgeführt. Maßgebend für die Dimensionierung waren die Minimierung des Eigengewichts und die Verformung der Decken. Als Nutzlast wurden 5 kN/m² in den Regelbereichen sowie 10 kN/m² in den Archiv- und Zentralbereichen angesetzt. Im Technikgeschoß wurde eine Belastung von 10 kN/m² berücksichtigt.

Das Technikgeschoß in der 17. und 18. Etage mit einer Höhe von 7,80 Meter wurde als Balkendecke mit Haupt- und Nebenträgern ausgeführt. Die obersten vier Etagen wurden aufgrund der sehr hohen Anforderungen hinsichtlich der späteren Nutzung (Repräsentation und Flexibilität) als Flachdecke mit Unterzügen – teilweise mit einer Vielzahl von Deckenversprüngen – geplant und ausgeführt.

Der externe Aufzugsschacht mit seinen 127 Metern Höhe wurde parallel zum Gebäude ebenfalls in Ortbetonbauweise ausgeführt. Dabei betragen die Wanddicken 38 Zentimeter und die Deckendicken 20 Zentimeter.

Stahlbetonarbeiten im Hochhaus
Bodenplatte
Der Turm wurde aufgrund der starken Zerklüftung des Karbons und der unter 60° einfallenden Schichtung der Kohleflöze auf einer zusammenhängenden Bodenplatte gegründet. Mit einer Dicke von 3,00 Meter bis 3,35 Meter und einem Durchmesser von 36,70 Meter weist sie ein besseres Setzungsverhalten als Einzel- oder Streifenfundamente auf. Die obere Bewehrung wurde in bis zu zehn Lagen verlegt. Zum Einbau wurde ein circa 2,80 Meter hohes Stahlrohrgerüst mit einem Stützenabstand von 1,20 Meter bis 1,50 Meter eingesetzt.

Während der circa fünf Wochen dauernden Stahlbetonarbeiten wurden 480 Tonnen Stabstahl eingebaut. Außerdem mußten zahlreiche Entwässerungsleitungen, Aufzugsunterfahrten, Aussparungen für Bodeneinläufe, Lüftungskanäle und Ankerbolzen für die Stahlstützen eingearbeitet werden. Die circa 3.400 Kubikmeter Beton wurden an einem Tag eingebaut, um einen monolithischen Gründungskörper zu erstellen. Die mittlere Stundenleistung von 210 Kubikmeter konnte durch Liefergemeinschaft dreier Transportbetonwerke und vier rund um das Fundament angeordnete Betonpumpen realisiert werden.

Um den Beton ordnungsgemäß zu verdichten, wurden Einstiegsöffnungen in der oberen Bewehrungslage angeordnet. Weiterhin wurde Fließmittel zugegeben, um ein Ausbreitmaß von 55 Zentimeter bis 60 Zentimeter zu erreichen. Die Zugabe des Fließmittels erfolgte an den Pumpstationen auf der Baustelle. Aufgrund der sehr hohen Bewehrungsdichte wurde für die unteren und oberen 20 Zentimeter der Gründungsplatte ein Beton mit einem Größtkorn von 8 Millimeter eingebaut.

Untergeschosse
Die runden Wände in den Untergeschossen wurden mit Großflächenschalung, die Stützen mit einer Stahlschalung erstellt. Für die sichtbar bleibenden vertikalen Bauteile im ersten Untergeschoß sowie im Erdgeschoß wurden besondere Anforderungen an Schalungsart, Fugenteilung und Qualität der Betonoberflächen gestellt. Die Flächen waren glatt und strukturlos auszuführen; der Beton in den Flächen sollte möglichst ohne Farbabweichungen homogen und porenlos hergestellt werden. Die Lage der Element- und Schalplattenstöße sowie der Ankerstellen der bis zu 8 Meter hohen Wände wurde vom Architekten auf das Schalungssystem bezogen festgelegt. Durch Anordnung von Ankerkonen wurden die Ankerstellen optisch hervorgehoben. Eine nichtsaugende Schalung wurde eingesetzt. Aufgrund der unterschiedlichen Geschoßgeometrien und Deckendicken (30 Zentimeter bis 50 Zentimeter) wurden die Decken örtlich geschalt.

Bereits nach dem Ausschalen der Eingangshalle wird die konstruktive Eleganz und die Großzügigkeit dieser teilweise zweigeschossigen Räume sichtbar.

Die Skizze von Christoph Ingenhoven zeigt die Entsprechung von Stützenstellung und Deckenfeldern. Die Kräfteverläufe über der Eingangshalle waren für die Ausbildung der offenen Galerien und der geformten Decke über der Eingangshalle bestimmend.

Erdgeschoßdecke

Eine Besonderheit der Erdgeschoßdecke ist neben ihrer lastverteilenden Funktion auch ihre Geometrie. Die Decke besteht aus einer 50 Zentimeter dicken Flachdecke im Außenring und im Innenkreis aus einer stark gevouteten, runden Balkenkonstruktion von 2 Meter Dicke.

Zur Formgebung wurden ca. 5 Meter x 6 Meter große und 1,5 Meter hohe Schalkörper aus Glasfaserkunststoff-Elementen eingesetzt. Die vorgefertigten Körper wurden auf einem durchgehenden Schalboden befestigt, die Zwischenräume mit 4 Millimeter dicken Glasfaserkunststoff-Platten ausgelegt, verspachtelt und geschliffen. So konnte die Deckenuntersicht ansatzfrei gefertigt werden. Zur Aufnahme des Frischbetondrucks mußte die Decke bis zur Bodenplatte durchgestützt werden.

Technikgeschoß

Zwischen der 17. und 18. Etage angeordnet liegt das Technikgeschoß mit einer Höhe von 7,80 Meter. Während die Treppenhauskerne herkömmlich geklettert wurden, sind die restlichen vertikalen Bauteile in einem Zug erstellt worden. Bedingt durch die sehr dichte Lage der haustechnischen Installation mußten die fünf im Innenkreis befindlichen Stützen entfallen. Dies führte zu einer Balkenkonstruktion mit einer Dicke von 1,25 Meter. Sie wurde mit vorgefertigten Schalkassetten gefertigt, die wiederum auf einen durchgehenden Schalboden gestellt wurden. Der Außenring wurde mit den Deckentischen der Normalgeschosse geschalt.

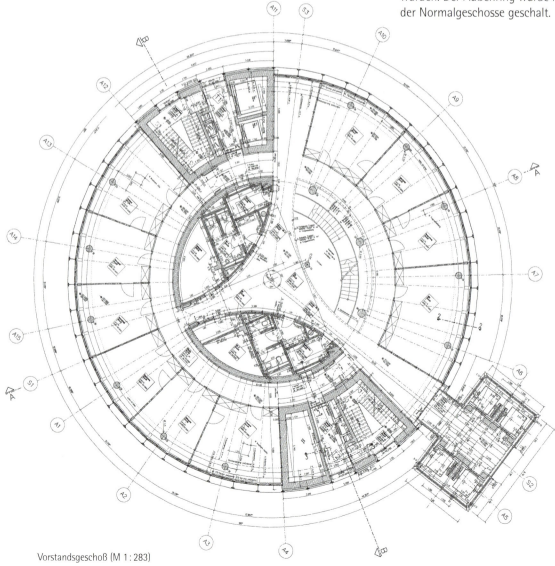

Vorstandsgeschoß (M 1 : 283)

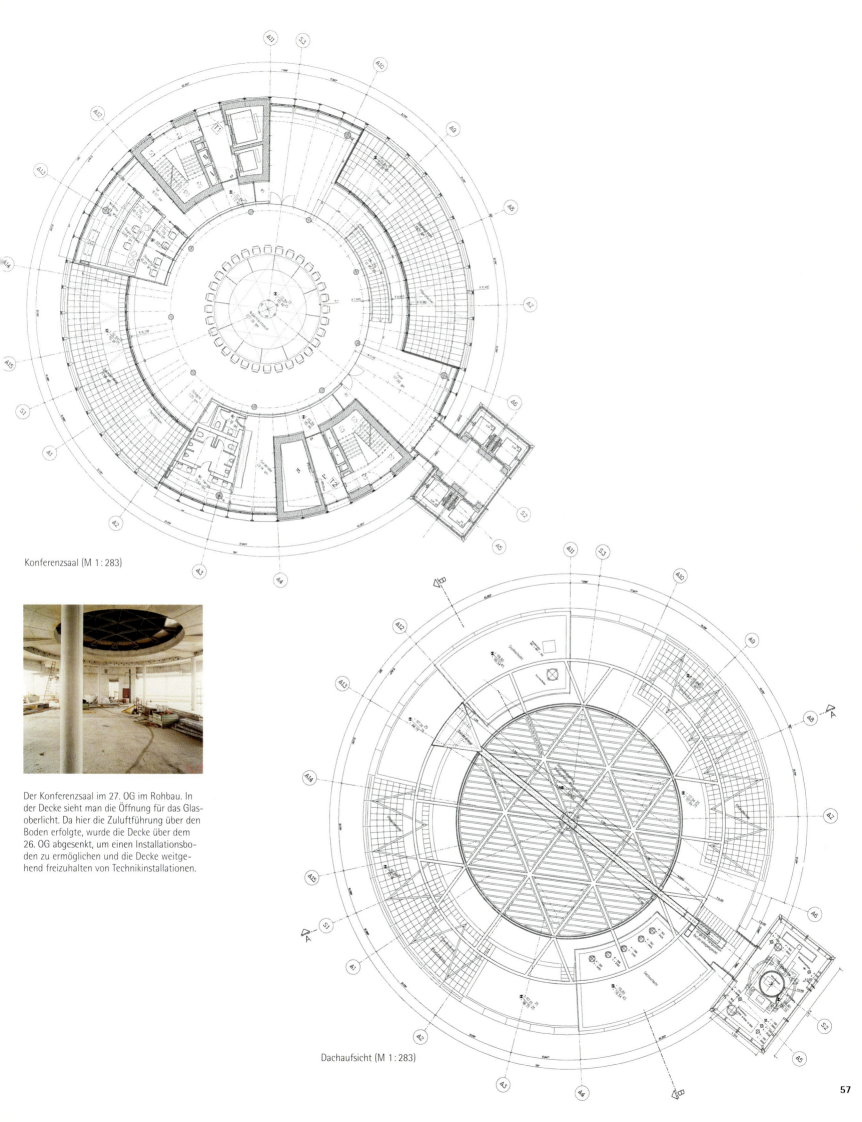

Konferenzsaal (M 1:283)

Der Konferenzsaal im 27. OG im Rohbau. In der Decke sieht man die Öffnung für das Glasoberlicht. Da hier die Zuluftführung über den Boden erfolgte, wurde die Decke über dem 26. OG abgesenkt, um einen Installationsboden zu ermöglichen und die Decke weitgehend freizuhalten von Technikinstallationen.

Dachaufsicht (M 1:283)

Betonzusammensetzung

Bei der Konzeption des Betons für die Bodenplatte waren einige Faktoren besonders zu beachten. So mußte hier aufgrund der Bodenplattendicke von ca. 3 Metern betontechnologisch nach den Grundsätzen für einen Massenbeton vorgegangen werden. Dabei waren Betonzusammensetzungen erforderlich, die übermäßiges Erwärmen des Betons durch die Hydration des Zements verhindern, um Risse infolge behinderter Temperaturverformungen zu vermeiden. Der Empfehlung der firmeneigenen Qualitätssicherung folgend, wurde ein Hochofenzement CEM III/B 32,5-NW/HS eingesetzt. Um die Verarbeitbarkeit beim Einbau des Betons für die Bodenplatte zu verbessern, wurde zusätzlich zum Betonverflüssiger ein Fließmittel zugegeben. Gerade in Bereichen mit großer Bewehrungsdichte hat sich das als vorteilhaft herausgestellt.

Aufgrund statischer Vorgaben waren die vertikalen Bauteile vom dritten Untergeschoß bis zum fünften Obergeschoß mit einem Beton der Festigkeitsklasse B 45 zu erstellen. Um die Ausschalfristen während der Winterperiode möglichst kurz zu halten, wurde der Beton von einem Hochofenzement CEM III/ A 42,5 auf einen Portlandzement CEM I/ 42,5 R umgestellt, da dieser schneller erhärtet. Generell wurden die Betone mit Steinkohlenflugasche und Betonverflüssiger hergestellt.

Für die sichtbar belassenen Betonbauteile im ersten Untergeschoß und im Erdgeschoß war eine identische Farbgebung gefordert. Auf die Wahl des Zements mußte deshalb besonders geachtet werden.

Baustellenlogistik
Rohbau

Die Anlieferung beim Bau des Turms wurde über die beiden Einfahrten zwischen den Randgebäuden an der Gutenbergstraße und der Rellinghauser Straße auf den bereits erstellten Untergeschossen vorgenommen. Material- und Personaltransport (mit Personenbeförderungskorb) erfolgte über die am Turm verankerten Hochbaukrane. Diese wurden so dimensioniert, daß Betonkübel mit einem Fassungsvermögen von 2 Kubikmeter eingesetzt werden konnten. Aufgrund der sehr beengten Verhältnisse im Deckengrundriß und den im Abstand von acht Geschossen folgenden Ausbauarbeiten, war der Einsatz eines Betonverteilermasters mit Pumpe nicht möglich.

Die Materialanlieferung für Tiefgarage und Wohnbebauung erfolgte über eine Rampeneinfahrt an der Rellinghauser Straße. Die in neun Bauabschnitte unterteilte Tiefgarage wurde, überschneidend von der Wiesenstraße aus, bis an die Baugrenze zum Abschnitt Nord erstellt.

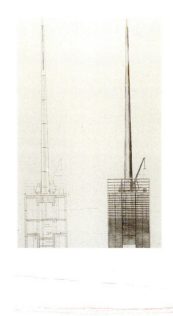

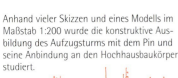

Anhand vieler Skizzen und eines Modells im Maßstab 1:200 wurde die konstruktive Ausbildung des Aufzugsturms mit dem Pin und seine Anbindung an den Hochhausbaukörper studiert.

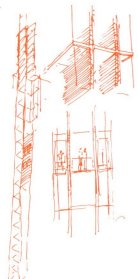

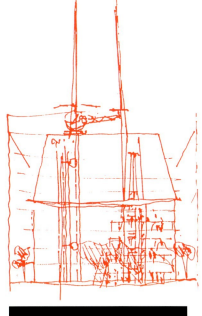

Fassade

Die polygone Fassade (32 Meter Durchmesser) besteht aus circa 2 Meter breiten, geschoßhohen, zweischaligen, vollverglasten Fassadenelementen. Die standardisierten Elemente wurden werksmäßig vorgefertigt. Sie sind aus dem inneren Schiebetürelement, der äußeren Fassadenscheibe und je einem halben sogenannten Fischmaulprofil als Verbund der beiden Scheibenebenen zusammengefügt.

Die 120 Meter hohe Fassade wurde in vier Bauabschnitte unterteilt. Für jeden Bauabschnitt wurde ein darüberliegendes Geschoß als Montagegeschoß vorgesehen. Im entsprechenden Montagegeschoß wurde eine teleskopierbare Arbeitsbühne installiert. Mit einem Turmdrehkran wurden die in Dreier-Verlade-Einheiten zusammengefügten Elemente auf die Bühne gehoben und mit einem Spezial-Hubstapler ins Gebäude gezogen. Um das Gebäude wurde oberhalb des Montagegeschosses eine Montagefahrschiene mit Laufkatze (Monorail) befestigt.

Der Stapler fuhr das jeweilige Fassadenelement an den Deckenrand, kippte es in die Vertikale, und die Monorail transportierte es zum Einbauort. So konnten innerhalb von drei Wochen zwei Geschosse montiert werden. Die Elemente der drei obersten Geschosse mußten mit den Turmdrehkranen konventionell montiert werden.

Die Fassade des 127 Meter hohen Aufzugsturms besteht aus einem verglasten Stahltragwerk mit außen vorgesetzten Aluminiumlamellen. Die 3,60 Meter hohen, 2,40 Meter tiefen und insgesamt 7,00 Meter breiten Bauteile waren ebenfalls den Rohbauarbeiten folgend zu montieren. Das Einfahren der circa 3 Tonnen schweren Elemente erfolgte mit einem Hochkran. Dazu mußten die Klettergerüste der beiden Wandscheiben, die über den Fassadengrundriß hinausragten, ausgeklinkt werden. Eine Sonder-Gerüstkonstruktion war dafür erforderlich. Der Aufzugsturm konnte circa sechs Wochen nach Abschluß der Hauptfassadenmontage fertiggestellt werden.

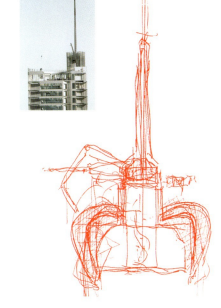

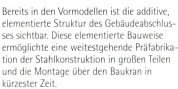

Bereits in den Vormodellen ist die additive, elementierte Struktur des Gebäudeabschlusses sichtbar. Diese elementierte Bauweise ermöglichte eine weitestgehende Präfabrikation der Stahlkonstruktion in großen Teilen und die Montage über den Baukran in kürzester Zeit.

Während des gesamten Jahres 1995 arbeitete ein erfahrener Ausführungsplaner von Hochtief, Herr Harald Benini, eng mit dem Architekten-Team zusammen, um während des parallelen Planungs- und Bauprozesses für eine schnelle Kommunikation zwischen Architektenbüro und Baustelle zu sorgen. Dabei entstanden eine Vielzahl von Detailskizzen, die die komplexen Zusammenhänge zwischen Rohbau, Abdichtung und Ausbau darstellten. Anhand dieser Zeichnungen wurden dann die komplexen Zusammenhänge zwischen Planung und Ausführung dargestellt und mit den Ausführenden besprochen.

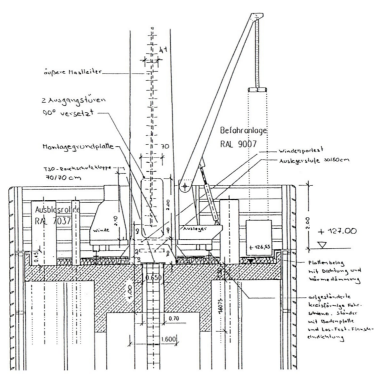

Dieser Schnitt durch die Basis der Antenne (M 1:115) zeigt, wie die Zugänglichkeit zu der begehbaren Antenne erfolgt. Bei der Entwicklung dieser Lösung mußte die Entfluchtung aus der Antenne im Falle eines Brandes in der darunterliegenden Technikzentrale bedacht werden.

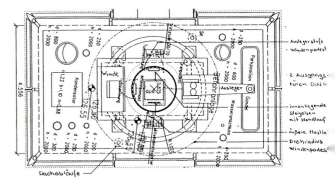

In dieser Aufsicht des Aufzugsturms (M 1:130) sind sämtliche mit den Fachplanern koordinierten, statischen und technischen Elemente eingetragen.

Koordinierende Detailzeichnungen der Antenne auf dem Aufzugsturm (M 1:200). Dargestellt sind neben der Antenne und dem Rohbau auch die Technikauslässe und die Befahranlage.

Bei dem eingespannten Ganzglasgeländer handelt es sich um ein Standarddetail des Projektes. Die Anwendung dieses Details mußte für unterschiedliche Einbausituationen wie im Detail oben für den Dachgarten auf der Gebäudespitze und Mitte links an den Atrien geprüft werden.

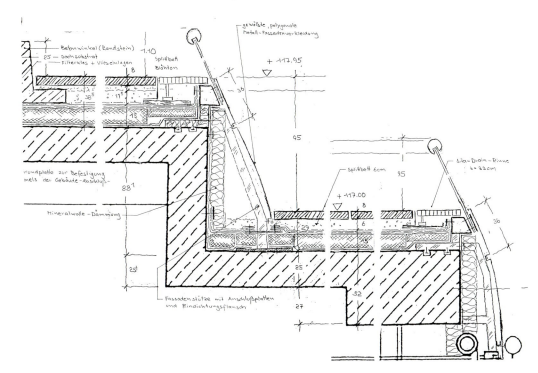

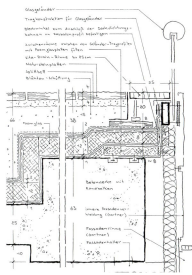

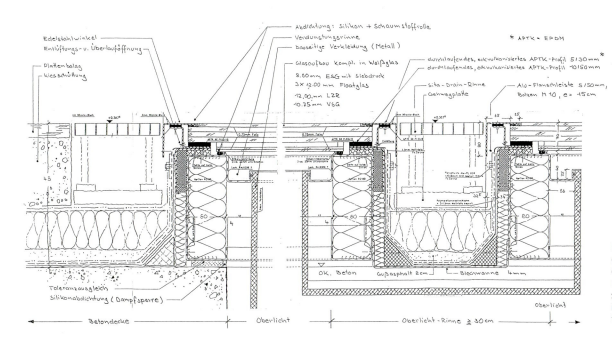

Das Detail der begehbaren horizontalen Verglasung über dem Mitarbeiterrestaurant und den Gästespeiseräumen wurde erst nach umfangreichen Optimierungen und bauphysikalischen Berechnungen vom Hochtief-internen Qualitätsmanagement für die Ausführung freigegeben.

Fassaden
Ulrich Behr
Fritz Gartner
Winfried Heussler

Zu dem Zeitpunkt, als die Firma Gartner zur Beratung eingeladen wurde, ergab sich für uns folgendes Bild: Der Bauherr, die RWE, hatte sich nach einem langen Planungsprozeß entschieden, mit dem Büro Ingenhoven Overdiek und Partner ein äußerst transparentes Hochhaus zu bauen. Um dieses Ziel in beispielhafter Form zu erreichen, erhielt das Architekturbüro die Möglichkeit, zukunftsweisende Technologien bis zur Anwendungsreife für die neue Konzernzentrale zu entwickeln. Statiker, Techniker, Bauphysiker und weitere Spezialingenieure hatten bereits eine lange Liste zu lösender Probleme – insbesondere die Fassade betreffend – formuliert und erörtert. Doch die vorgeschlagenen Lösungen kamen nicht so recht voran, weil sie an Voraussetzungen geknüpft waren, welche die angrenzenden Disziplinen nicht ohne Vorbehalte akzeptierten.

Vor dem Hintergrund unserer Erfahrungen mit unterschiedlichen Fassaden und bereits vorliegender Ergebnisse aus Versuchen zu verwandten Themen sahen wir uns in der Lage, ein Angebot für ein Gesamtentwicklungskonzept zu machen. In enger Absprache mit den Beteiligten wurden die bisherigen Lösungsvorschläge auf ihre Machbarkeit überprüft. Diese Arbeiten mündeten in ein Angebot für eine Fassade, die den hohen Erwartungen an Hausklima, Belichtung und Zufriedenheit der Mitarbeiter genügen konnte. Für diesen Stand der Entwicklung formulierten wir eine verbindliche Preisobergrenze.

In der Zwischenzeit hatte die RWE-Tochter Hochtief das Projekt in der Doppelfunktion als Generalunternehmer und Bauherr bzw. Leasinggeber übernommen. Auf der Grundlage der Vorarbeiten und der verbindlichen Kostenschätzung wurde der Fassadenauftrag in zwei Stufen an uns vergeben.

Stufe 1 beinhaltete eine komplette Planung inklusive aller ausführungsreifen Details, Beschlagsentwicklungen, Laboruntersuchungen, etc.

Stufe 2 (mehrere Monate später) umfaßte Lieferung und Montage aller Bauteile zusammen mit einer umfangreichen Gewährleistung, die insbesondere eine "funktionierende Fassade" versprach.

An dieser Nahaufnahme wird ersichtlich, daß die runde Kontur des Hochhauses aus einem Polygonzug von 51 geraden Glasscheiben gebildet wird.

   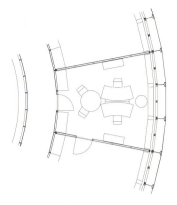

Oben: Das Diagramm zeigt die meßtechnisch ermittelten stündlichen Raumluftwechselzahlen (Maximalwerte) bei Einzelraumlüftung in Abhängigkeit von der Umgebungsluftgeschwindigkeit vor der Fassade.

Grundrißausschnitt Büro Normalgeschoß

Fassadenbeschreibung

Der Wunsch, ein möglichst transparentes Gebäude zu schaffen, entsteht maßgeblich aus dem natürlichen Bedürfnis der Benutzer nach optimaler Nutzung des Tageslichts. Ein hoher Tageslichtquotient bestimmt entscheidend die Qualität eines Arbeitsplatzes, weswegen die Verglasung möglichst klar ausfallen sollte. Auch das Bedürfnis nach natürlicher Lüftung ist fundamental für das Wohlbefinden. Also wünschte sich der Bauherr, was in Hochhäusern bisher nicht möglich war: daß die Fenster öffenbar seien. Gegen die eingestrahlte Sonnenenergie war schließlich ein geeigneter Beschatter gefragt, der die Nachteile eines innenliegenden Sonnenschutzes kompensieren kann.

Jede dieser Forderungen ließ sich nahezu ideal mit dem Konzept einer Doppelhautfassade lösen, bei der vor der Außenwand in geringem Abstand eine weitere Einfachverglasung angebracht wird. Im vorliegenden Fall besteht diese aus Weißglas, das an lediglich acht Haltepunkten befestigt wurde. So ist die zweite, für das Binnenklima so wichtige Glashaut von innen nahezu nicht wahrnehmbar und leistet doch Entscheidendes: Die Gebäudedurchströmung wird reguliert und der Sonnenschutz gegen die Witterung geschützt.

Die inneren Fenster reichen vom Boden bis zur Decke. Als Schiebefenster gestatten sie eine einfache Bedienung. Für die Dichtigkeit werden diese in geschlossenem Zustand in die Grundebene verschoben und mit einer Rundumverriegelung im Falz angepreßt. Eine Kurbelbetätigung gestattet einen stufenlos regulierbaren Öffnungsspalt.

Das Fensterglas erhält eine wärmedämmende Beschichtung, die für Licht jedoch gut durchlässig ist. Der k-Wert von 1,2 W/m²K sorgt sowohl für Wärmeschutz im Winter als auch – in Verbindung mit einem Lamellenstore – für einen guten Sonnenschutz.

Sonnenschutz

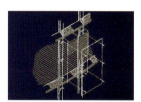
Äußere Glashaut

Belüftungsstruktur

Blendschutz

Innere Isolierverglasung

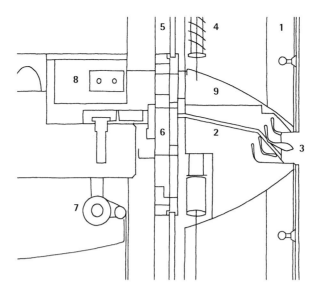
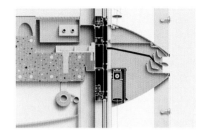

Fassadendetail
1 Konstruktion Fassade
2 Elementierung Fassade
3 Zu- und Abluftöffnung
4 Sonnenschutz
5 Schiebeflügel
6 thermische Trennung
7 Blendschutz
8 Konvektor
9 Trittblech

Durch den im Fassadenzwischenraum liegenden Aluminium-Sonnenschutz und den innenliegenden textilen Blendschutz ist die Tageslichtumlenkung und Dimmung des Tageslichts möglich.

Der Übergang zur Außenhaut wird durch eine Blechverkleidung in Form eines Fischmauls hergestellt. Die bereits minimierte Deckenstärke verjüngt sich nochmals auf den für ausreichende Durchlüftung erforderlichen minimalen Luftquerschnitt. Dadurch erscheint die Außenhaut weitgehend entmaterialisiert.

Die Lauffläche für den Fensterputzer im Zwischenraum (ursprünglich vorgesehen als begehbare Glasflächen) wurde in das Innere des Fischmauls verlegt und wird zugänglich durch das Hochklappen der Oberseite der Blechverkleidung.

Die Gestaltung der Luftein- und auslässe wurde optimiert. Es ließ sich zeigen, daß bei geeigneter Gestaltung (strömungsgünstige Lamellen) und ohne motorisch betätigte Klappen ein weitgehend regendichter (auch bei Sturm!) Querschnitt zu schaffen war. Nachdem eine solche Öffnung nur einmal je Geschoß – und zwar auf Deckenebene – möglich war, mußte an dieser Stelle sowohl die Zu- als auch Abluft die Außenhaut passieren.

Die Anordnung von beiden übereinander verbietet sich, weil dabei die Abluft auf kürzestem Wege sofort wieder als Zuluft in das darüber liegende Geschoß eintritt. Somit würde sich die Temperatur im Zwischenraum (und auch die Belastung der Luftqualität) mit jedem weiteren Geschoß erhöhen.

Der gleiche Effekt ergibt sich übrigens bei allen Konzepten, welche die Durchströmung des Zwischenraums von ganz unten bis zum oberen Fassadenrand vorsehen. Eine noch erträgliche Grenze dafür liegt bei drei bis vier Geschossen.

Die einfache Lösung dieses Problems besteht in einer Diagonaldurchströmung des Zwischenraums, bei der Zu- und Abluftquerschnitte jeweils nebeneinander angeordnet werden. Man erreicht diese Trennung, indem die doppelseitige Verkleidung des Übergangs zwischen Innen- und Außenfassade abwechselnd auf der Ober- bzw. Unterseite perforiert wird. Die wirksame Querschnittsgröße wurde mit 120 Millimetern Schlitzbreite festgelegt.

Der begrenzte äußere Zugluftschlitz sowie die Perforierung der Verkleidung wirken als gewollte Bremsen gegenüber anstehendem Wind und verhindern auch in großen Höhen störende Zugerscheinungen bei geöffneten Fenstern.

Die Anordnung des Raffstores im Fassadenkorridor hat praktisch den gleichen Effekt wie ein außenliegender Sonnenschutz. Die eingestrahlte Energie wird zunächst von den Lamellen absorbiert. Diese heizen sich dadurch zwar auf, die dabei abgegebene Sekundärstrahlung liegt aber im Infrarotbereich und wird durch das Wärmeschutzglas weitgehend ferngehalten. Richtig ausgelegt werden mehr als 90 % der Sonnenenergie dem Gebäudeinneren ferngehalten. Die Außenhaut schützt hierbei den Raffstore gegen Wind, Feuchtigkeit und andere klimatische Belastungen, so daß er auch bei Hochhäusern über lange Jahre betriebssicher und wartungsarm ist.

Der Fassadenreinigung dient eine Putz- und Wartungsgondel, die von einer auf dem Dachaufbau sich drehenden Brücke abgehängt ist. Sie stützt sich in regelmäßigen vertikalen Abständen an Führungsösen ab, die in Befestigungshülsen eingeklinkt werden. Diese befinden sich innerhalb des Fischmauls der Fassade und sind somit von außen nicht sichtbar, was der glatten Geschlossenheit der Fassade dient.

Basement (M 1:25), Profile (M 1:7,5)

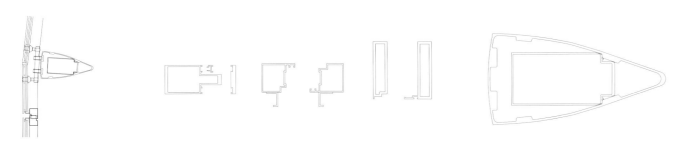

Erdgeschoß Fassade (M 1:25), Profile (M 1:7,5)

Fassade Aufzugsturm (M 1:25), Profile (M 1:7,5)

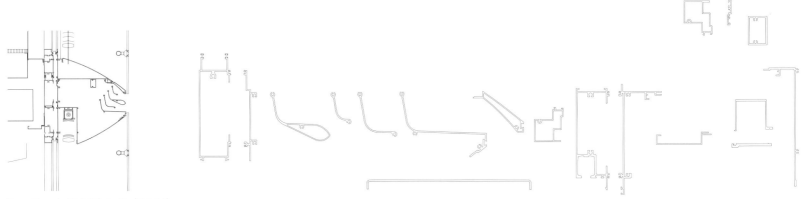

Normalfassade (M 1:25), Profile (M 1:7,5)

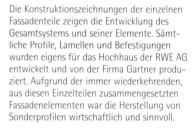

Die Konstruktionszeichnungen der einzelnen Fassadenteile zeigen die Entwicklung des Gesamtsystems und seiner Elemente. Sämtliche Profile, Lamellen und Befestigungen wurden eigens für das Hochhaus der RWE AG entwickelt und von der Firma Gartner produziert. Aufgrund der immer wiederkehrenden, aus diesen Einzelteilen zusammengesetzten Fassadenelementen war die Herstellung von Sonderprofilen wirtschaftlich und sinnvoll.

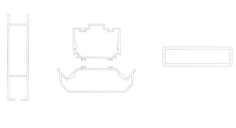

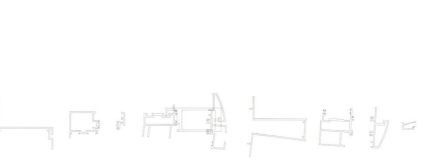

Fassadenmuster und Versuche

Bei allen größeren Fassaden werden heute Versuche an Originalbauteilen durchgeführt. Die Größe der Prüffläche beträgt in der Regel mehrere Modulbreiten und erstreckt sich über 2 bis 3 Geschosse. Derart große Prüfkörper finden im Inneren eines Gebäudes meistens keinen Platz. Deshalb wählt man Freiluftprüfstände, die den Vorteil haben, daß die Fassade unter Testbedingungen sowohl von außen wie von innen beobachtet werden kann. Dazu baut man vor einer stabilen Wand die Fassade in gleicher Weise auf, wie sie später am Baukörper angebracht wird – in Originalmaßen und mit Originalverankerungen. An den Rändern wird die Fassade mit der Rückwand verbunden und abgedichtet, um einen luftdichten Raum herzustellen. Dieser Raum wird mit einem Gebläse verbunden, das positiven wie negativen Differenzdruck zur Umgebung erzeugen kann. Zudem wird vor der Fassade ein Wassersprühgestell installiert, das starken Regen simulieren kann. Mit dieser Anordnung überprüft man Luft- und Wasserdichtigkeit bis circa 20 Prozent der maximalen Entwurfslast und anschließend die Standsicherheit aller Bauteile bis 150 Prozent der jeweiligen Entwurfslast. Neben diesen Standardprüfungen sollte bei diesem außergewöhnlichen Projekt, das für Hochhausfassaden durchaus Pionierleistungen erbringen wollte, die Eignung der Fassade auf einem Sonderprüfstand untersucht werden.

Dazu wurde auf dem Dach eines bestehenden Gebäudes in 20 Meter Höhe eine ähnliche Prüfkammer, wie oben beschrieben, eingerichtet. Die innere Wand erhielt eine Tür, die mit einer definierten Kraft von 120N offen gehalten wurde. Im Fassadenkorridor befanden sich über die Höhe verteilt Temperaturfühler. Am Zulufteintritt der äußeren Fassade sowie circa 0,5 Meter hinter dem geöffneten Fenster wurde die Luftgeschwindigkeit gemessen. Mit einem Testgas zur Messung der Konzentrationsabnahme konnte der Luftwechsel festgestellt werden. Die Klimawerte der Umgebung lieferte eine Wetterstation. Alle Meßdaten wurden in der Prüfkammer gleichzeitig und automatisch über ein Jahr hindurch erfaßt. Gewitterstürme sowie Frühjahrs- und Herbstwinde sorgten für ähnliche Wetterbedingungen wie an einem Hochhaus. Von besonderem Interesse waren die folgenden Ergebnisse:

- Wie stark steigt die Temperatur im Fassadenkorridor bei Sonneneinstrahlung an?
  Antwort: Maximal 6° C; hierbei ist zu beachten, daß dieser Zustand nur ca. 2 Stunden anhält und danach die Sonne weitergewandert ist.
- Was passiert bei starkem Wind?
  Antwort: Wenig! Die Luftgeschwindigkeit 0,5 Meter hinter dem geöffneten Fenster blieb unter 0,5 m/s. Die Kraft auf die Schließkante der Zimmertüre blieb unter 120N. Es dringt kein Regen durch Zuluftschlitze ein!

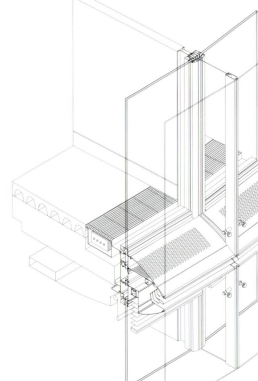

Isometrische Darstellung Regelknoten Hochhausfassade

Anhand einer Vielzahl von Musterteilen und Mock-ups wurden die Fassadendetails studiert und zur Vereinfachung der Montage optimiert. Im Rahmen der Zulassung im Einzelfall wurden für die Fassade Pendelschlagversuche durchgeführt.

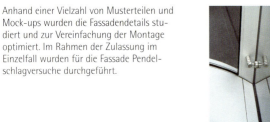

Die Ausbildung und Oberflächengestaltung der Punkthalterungen und Glasbedruckungen wurden an mehreren 1:1 Mustern entwickelt.

Isometrische Darstellung Punkthalterung

Isometrische Darstellung Erdgeschoß-Fassadenelement

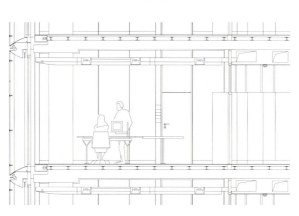

Im Mock-up des geschoßübergreifenden Kreuzungspunktes der Normalfassade Hochhaus sind sämtliche Einzelkomponenten ausschnitthaft aufgebaut.

Die Erdgeschoßfassade ist in ihrer gesamten Höhe verglast. Dafür waren zwei Glasscheiben übereinander in der maximal verfügbaren Höhe von 4,20 Metern möglich. In den statisch erforderlichen Hohlprofilen können die Zuluftströme zur Abschirmung des Kaltlufteinfalls geführt und glasseitig über Zuluftdüsen eingeblasen werden.

· Wie groß ist der Luftwechsel?
Gemäß gemessenem Diagramm in Abhängigkeit von Windgeschwindigkeit und Außentemperatur ergeben sich Luftwechselraten zwischen zwei- und zehnfach. Die späteren positiven Erfahrungen des Nutzers stützen die Feststellungen aus den Versuchen.
· Kann es im Bereich der Abluftdüsen zu Eiszapfenbildung kommen?
Um kurze Installationswege zu erreichen, wurde die zentrale Technik im Lastschwerpunkt des Hochhauses geplant. Die feuchte Abluft der Klimaanlage tritt demzufolge unmittelbar an der Fassade aus. Bei normalen Abluftgittern ist die Luftgeschwindigkeit zu gering, so daß sich Kondensat an den Auslaßlamellen niederschlägt und im Winter zu gefährlichen Eiszapfen gefriert. Das Problem wurde gelöst, indem man Düsenauslässe entwickelte und testete, aus denen die Luft mit hoher Geschwindigkeit ausgeblasen wird, so daß sie sich mit der trockenen Außenluft vermischt hat, bevor es zu Kondensat kommt.

Die Zuluft- und Abluftdüsen können nach den aerodynamischen Untersuchungen anhand von Musterelementen optimiert und in allen Einzelheiten mit den Technikplanern festgelegt werden.

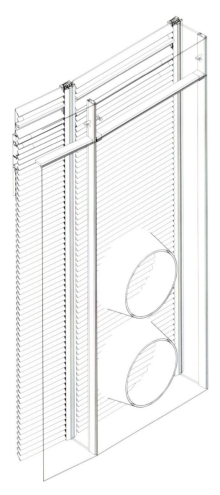

Isometrische Darstellung Technikgeschoß-Fassadenelemente

Fabrikation und Montage

Im Interesse optimaler Konstruktion und Gestaltung wurde auf vorhandene Profilformen verzichtet und statt dessen ein komplett neuer Profilsatz eingeschnitten. Zur Profilbearbeitung wurden numerisch gesteuerte Werkzeugmaschinen eingesetzt, mit Genauigkeiten von +/- 0,1 Millimeter. Die Fassade ist elementiert mit einem Raster von 2 Metern, wobei die innere Fassade eine vertikale Unterteilung in der Mitte mit einem Festfeld und einem innen laufenden Schiebeflügel hat. Ein Spezialbeschlag, der den Flügel in Schließlage in die Ebene der Festverglasung nach vorne drückt und rundum verriegelt, sorgt für die nötige Dichtigkeit. Die Betätigung mittels Kurbel ermöglicht feinfühliges Einstellen des Lüftungsspaltes. Über Doppelkragarme ist die Außenfassade mit dem inneren Element verbunden. Das Fischmaul mit seinen Lüftungsschlitzen ist geteilt; seine Form entsteht erst durch die Montage. Äußerer und innerer Elementrahmen mit Flügeleinbau und -verglasung erfolgen in der Werkstatt. Die Befestigung der Scheiben der Außenfassade erfolgt über acht Haltepunkte. Diese sind so gestaltet, daß eine statisch bestimmte Lagerung entsteht und somit Zwängungen aus Dehnungen und Toleranzen vermieden werden. Aus dem gleichen Grund lassen diese Punkte Winkelverdrehungen in jeder Richtung zu. Diese Merkmale der Halterung sind wegen der Sprödigkeit des vorgespannten Glases unverzichtbar und waren Voraussetzung für die Zustimmung im Einzelfall.

Die Montage der Fassade wird durch das hohe Maß an Vorfertigung entscheidend erleichtert. Zunächst werden Befestigungsanker angebracht. Die Rohbautoleranzen in allen drei Achsen werden dabei auf das exakte, theoretisch erforderliche Maß korrigiert. Diese Arbeit erfolgt in Ruhe und geraume Zeit vor der Elementmontage. Auf angepaßten Transportgestellen werden die zusammengebauten Elemente in Bündeln zu je drei Einheiten am Bau angeliefert und mit dem Hochkran auf Auslegerplattformen gehievt, von wo aus sie dann im Stockwerk verteilt werden. Dieser Vertikaltransport erfolgt rasch und bedarf keiner besonderen Genauigkeit. Die Plattformen werden jeweils alle 6 bis 8 Geschosse versetzt. Zum Einhängen der Elemente benutzt man eine Krankatze, die in einer Schiene oberhalb fährt. Die Elemente werden von der Geschoßdecke aus angedient und über das Monorail-System an den genauen Montageort transportiert.

Bei genauer Fertigung ist der eigentliche Einhängevorgang eine Sache von wenigen Minuten. Sobald das Element hängt, ist die Fassade hier auch schon wetterdicht. Nachträgliche Abdichtungen sind bei dieser Konstruktion nicht erforderlich.

Die einzigen verbleibenden Arbeiten sind innere Decken- und Wandanschlüsse. Die geschilderte Montage erfolgte teilweise unter extremen Winterverhältnissen. Sie war Voraussetzung für die termingerechte Baufertigstellung.

Konstruktion und Fassade des Aufzugsturms

Gewählt wurde hier eine leichte Stahlrahmenkonstruktion, die gleichzeitig eine geschoßhohe Verglasung aufnimmt, sowie eine Lamellenverkleidung als Sonnenschutz. Der freie Ausblick bleibt dennoch erhalten. Die Stahlkonstruktion wurde mit den knappen Toleranzen der Fassade montiert und dient der unmittelbaren Befestigung der Fahrschienen. Der Aufzugsturm besteht aus einer mittig angeordneten Betonscheibe, in Verlängerung der Geschoßdecken, die den Aufzugsvorraum bilden, sowie einem Paar U-förmig gestalteter Fahrstuhlschächte, welche aus komplett vorgefertigten Einheiten gebildet sind, die in zusammengebautem Zustand angeliefert und in die Höhe transportiert wurden. Damit wurden Gerüste und Montagezeit gespart.

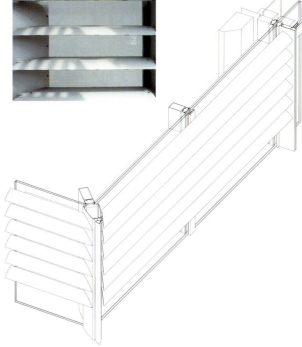

Isometrische Darstellung Lamellenfassade Aufzugsturm

Die Photosequenz zeigt die Erstellung der Hochhausfassadenelemente von der Profilherstellung (oberste Reihe) über die Teilmontage der Profile in der Werkstatt (Reihe 2-6) bis hin zum fertigen Element. Die Elemente wurden dann verpackt und auf Paletten zum Abtransport bereitgestellt. In den verschiedenen Phasen der Elementerstellung wurden vor Freigabe der Probepressung der Profile bis zu den mit allen Komponenten ausgestatteten Elementen zur Produktion die Details der Planung und Qualität der Ausführung bei der Firma Gartner geprüft.

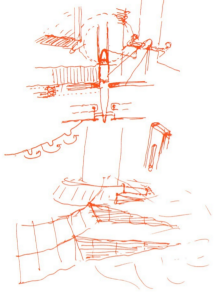

Basementfassade/Basement

Die Vorgabe für den Übergang zwischen Turm und Breitfuß bestand darin, daß die kreisförmigen Grundrisse bestehen bleiben, allerdings mit versetzten Mittelpunkten und unten deutlich vergrößerten Durchmessern. Daraus entstand zunächst eine Fassadenoberfläche, die nicht abwickelbar war und demzufolge in sich verdrehte Isolierglasscheiben benötigt hätte. Durch leichte Korrekturen in der Entwurfsgeometrie fand man schließlich eine Gebäudeform, die einem in der Achse gegen die Vertikale geneigten Kegelstumpf entspricht.

Diese Fläche war abwickelbar. Die Glasscheiben bleiben eben. Allerdings entstehen Elemente, die aus Trapezen unterschiedlicher Größe und Winkel bestehen. Trennwände werden über windschiefe Adapterstücke angeschlossen. Die klare Geometrie des Kegelstumpfes ermöglichte ein Rechenprogramm für die Dimensionierung aller Fassadenelemente und -gläser und darauf gegründet eine präzise Werkstattvorfertigung. Die Fassaden erhalten einen horizontalen Brüstungsriegel; die Scheibenformate betragen circa 2,5/3,0. Der obere Fassadenabschluß besteht aus einem eingespannten Ganzglasgeländer. Der untere Abschluß der Fassade liegt nur wenig über dem Niveau des großen Zierteiches. Es wurde befürchtet, daß bei Wind Wasser in großen Mengen gegen die Fassade gedrückt wird. Eine sichere Lösung dieses Problems bestand neben einer Drainage-Rinne in der Anordnung einer Sperrzone innerhalb der Fassade, die über ein Gebläse mit Überdruck beaufschlagt wird. So ist gewährleistet, daß zwar an unerkannten Leckstellen immer etwas Luft entweicht, jedoch niemals Wasser eindringt.

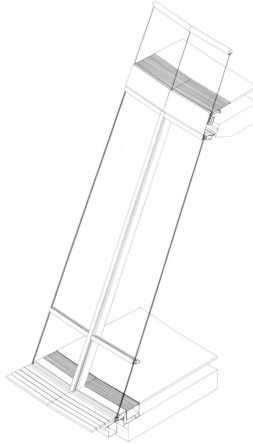

Isometrische Darstellung Basement-Fassadenelement

Die Geometrie der Basementfassade entspricht der Abwicklung eines aus der Achse gekippten Kegelstumpfes. Somit hat jede Glasscheibe ein unterschiedliches Maß. Bei der Montage wurden die unterschiedlichen Glasscheiben mit einem Spezialkran in die Halterung gesetzt.

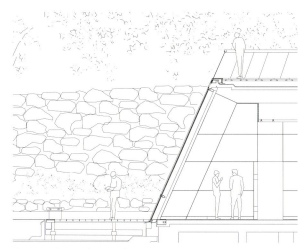
Basement Fassade (M 1:140)

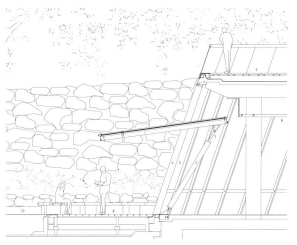
Basement Fassade mit Hubtor (M 1:140)

Das im Basement untergebrachte Casino benötigte insgesamt drei Notausgänge. Da es sich durchweg um geneigte Fassadenflächen handelte, hätte die Anordnung von Windfangportalen für Fluchttüren sowohl Raumnutzung wie Erscheinungsbild erheblich beeinträchtigt. Daraus entstand die Idee, die Türen in die Fassadenfläche zu verlegen. Die konsequente Verfolgung dieses Gedankens ließ uns schließlich Tore von circa vier Metern Breite und Höhe konzipieren, die im Grundriß geknickt und in der Höhe geneigt wurden. Die Tore schwenken um eine horizontale Achse, die in etwa 2/3 ihrer Höhe angeordnet ist. Im geöffneten Zustand ergibt sich dabei ein vier Meter breiter Austritt auf die vorgelagerte Terrasse, der durch das Tor vordachartig überdeckt ist. Es gelang, eine Lagerung des Tores zu entwickeln, die mit der durch die Fassadenkontur gegebenen räumliche Verkantung an diesen Stellen zurecht kam.

Die Betätigung des Tores erfolgt durch ein Paar Pneumatikzylinder. Diese Zylinder sind im Inneren mit Federn vorgespannt, so daß die Tore im Notfall automatisch öffnen, auch wenn die Stromversorgung ausfällt.

Zur Abdichtung gegen eventuell drückendes Wasser vom See her wurden Rinnen mit sperrendem Luftüberdruck in die bodenbündigen Profile eingebaut.

Die Ausführung des Hubtores der Basementfassade wurde nach sorgfältigen Funktionsprüfungen am 1:1 Muster bei der Firma Gartner in Gundelfingen freigegeben. Die Tore sind hydraulisch betrieben, wobei in den Kolben Federn eingebaut sind, die im Falle eines Stromausfalls mit ihrer Vorspannung das Tor öffnen.

Technikkonzept
Tony McLaughlin

Die Ideen für die technischen Systeme entstanden aus der Weiterentwicklung des Wettbewerbs für die Commerzbank, den das gleiche Team bereits einige Monate zuvor abgeschlossen hatte. Am Anfang stand die Vorgabe, den herkömmlichen Ansatz für die Versorgung eines Hochhauses in Frage zustellen. Warum zum Beispiel die Fassade vollständig abdichten, wenn durch eine entsprechende Konstruktion bei bestimmten Witterungsbedingungen die Fenster geöffnet werden können, um eine natürliche Belüftung zu ermöglichen? Oder warum sollten Systeme mit veränderbarem Luftvolumen akzeptierter Standard für qualitativ hochwertige Büroräume sein?

Ziel des Teams war also die Schaffung eines qualitativ hochwertigen Gebäudes, unter Einbindung aller modernen, praxisrelevanten Verfahren, wie thermische Masse, Zwangs(Saug)- und Nachtventilation zur Regelung des Innenklimas. Derartige Elemente waren bereits früher erfolgreich angewendet worden, wurden aber zu diesem Zeitpunkt im allgemeinen nur bei nicht so hohen Gebäuden und in Verbindung mit herkömmlichen Fassaden eingesetzt.

Gleichzeitig sollte dies aber auch ein Niedrigenergiehaus werden. Gegenüber einem üblichen Hochhaus einer Konzernzentrale bestand die Idealvorstellung in einer drastischen Reduzierung des Energiebedarfs. Um unsere Arbeit auf den Punkt zu bringen, faßten wir unsere Ziele in einem einfachen Diagramm zusammen, wie bei einem Kochrezept. In diesem Diagramm listeten wir die zu überprüfenden Grundinhalte wie bei einem Konstruktionsverfahren auf.

In einer ersten Versorgungsstrategie, die einen Großteil der genannten Elemente berücksichtigte, stand die primäre Büroumgebung, die aufgrund ihrer vorwiegend zellularen Struktur eine einzigartige Gelegenheit für die Einführung von Elementen wie zum Beispiel "gekühlte Träger und Fassadenelemente" für die Benutzer bot, im Mittelpunkt der Überlegungen. Die Anlage der Büros als Großraumbüros hätte uns vor wesentlich komplexere Probleme im Bereich der Wärme- und Lichtregelung gestellt. Kompromisse bei der Regelung der Umweltparameter wären hier unvermeidlich gewesen. Schon bei frühen Entwurfsskizzen konzentrierte man sich stark auf die Integration von Deckenelementen, die in das gewölbte Betonskelett eingehängt werden, und auf gekühlte Träger. Die gekühlten Trägerelemente sollten auch die Bürobeleuchtung, die Sprinkleranlage und die Brandmeldeeinrichtungen aufnehmen. In einem Doppelbodenhohlraum, der zu diesem Zeitpunkt mit 300 Millimeter angenommen wurde, war die Unterbringung der Frischluftzufuhr, der Niederspannungs- und Informationstechnik sowie der Kommunikationstechnik geplant. Beide Versorgungszonen sollten über Zuleitungsringe in der kreisförmigen Korridorzone gespeist werden.

Zwar waren gekühlte Träger die erste Option des Teams, aber in einer Studie wurden dennoch auch die Leistungen anderer Systeme untersucht, wie zu Beispiel:
· gekühlte Träger mit mechanischer Ventilation,
· gekühlte Decken (Kühldecken) mit mechanischer Ventilation,
· ein in der Decke montiertes Induktionssystem und
· ein Gesamtluft-VAV-System.

In einer parallel durchgeführten Studie wurden an verschiedenen, mit den oben erwähnten haustechnischen Systemen kombinierten Fassadensystemen energietechnische Untersuchungen durchgeführt.

Die folgenden Diagramme zeigen die ersten Ergebnisse der mit den Arbeiten beauftragten Firma UE Consult, die, zusammen mit einer entwickelten "Zufriedenheitsmatrix", das Entwurfsteam darin bestärkten, seine Option der natürlich belüfteten Fassade mit gekühlten Trägern und der mechanischen Ventilation weiterzuverfolgen.

Nachdem die Entscheidung zugunsten des gekühlten Trägers gefallen war, begann man, die Entwurfsarbeiten auf die Ästhetik und die Integration in die Büroumwelt zu konzentrieren. Parallel zu den Umweltuntersuchungen entwickelte sich die Form des Betonskeletts, vor allem wegen der strukturellen Effizienz, aber auch um den in den Büros exponierten Anteil der thermischen Masse der Betonlaibung zu vergrößern, in Richtung auf ein gewölbtes (sich zu den äußeren Fenstern hin verjüngendes) Profil.

Der Hohlraum der gewölbten Laibung wurde so ganz natürlich zur Unterbringungsmöglichkeit für den gekühlten Träger, der nun auch, wo erforderlich, die anderen in der Decke unterzubringenden Versorgungseinrichtungen wie zum Beispiel Beleuchtung, Sprinkler, Brandmeldeeinrichtungen und die Mittel zur Absorption von Schall

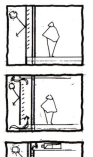

1. Exponierte thermische Masse – resistent gegenüber Temperaturschwankungen im Gebäude, speichert die Energie der kühlen Nachtluft, verteilt tagsüber die Kälte an die in Benutzung stehenden Räume.
2. Raumhöhe – ermöglicht eine Schichtung der Raumluft und erhöht den zulässigen Temperaturunterschied zwischen Zuluft und Abluft.
3. Die Sonneneinstrahlung regelnde Verglasung – geringe Sonneneinstrahlung, geringer Wärmeverlust – gutes Tageslicht.
4. Qualitativ hochwertige Abschattung – reduziert die Sonneneinstrahlung bis aufs Minimum bei gleichzeitiger Aufrechterhaltung des Sichtkontakts nach außen.
5. Minimierte künstliche Beleuchtung – durch Gebrauch von Energiesparlampen (Ziel: 12 W), gekoppelt mit Tageslichtregelung, eingebauten Sensoren, die das Tageslicht optimieren.
6. Minimierter technischer Aufwand – durch zentrale Räume für Haustechnik
7. Abzug der Abluft an den höchsten Punkten des Raumes
8. Thermische Masse im Kern des Gebäudes
9. Nutzung der "natürlichen Lüftung"

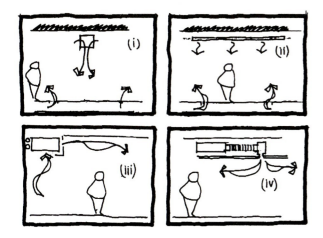

1. Gekühlter Träger mit mechanischer Ventilation
2. Gekühlte Decke mit mechanischer Ventilation
3. In der Decke montiertes Induktionssystem
4. Gesamtluft-VAV-System

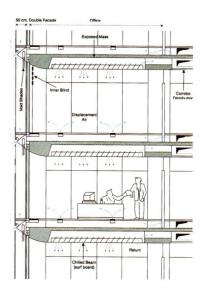

Regelschnitt (M 1 : 160) mit Darstellung der thermischen Masse der Stahlbetondecken und des in die Wölbung integrierten Technikdeckenelements ("Surfboard").

Kerntreppenhäusern zusammengefaßt wurden, während die Kanäle für die vertikale Luftverteilung in den inneren Kern des Turms verlegt wurden. Die Zuluftleitungen sollten auf der Fußbodenebene abgezweigt werden und in dem Hohlraum des aufgeständerten Bodens über das gesamte Stockwerk verlaufen, während die Leitungen für die Abluft, die unterhalb der Decke in jedem der am Gebäudeperimeter liegenden Büro abgezogen werden sollten, durch den Hohlraum der abgehängten Korridordecke geführt wurden. Hier sollten auch die Kaltwasserleitungen untergebracht werden.

Für die Beheizung der Büros war ein am Gebäudeperimeter angeordnetes Konvektorheizungssystem vorgesehen, das von den in den beiden Treppenhäusern am Perimeter angebrachten Steigleitungen gespeist wird.

Von Anfang an sollte dies ein Gebäude mit perfekt koordinierten Versorgungseinrichtungen und einer hohen Variabilität der technischen Versorgungseinrichtungen werden. Jedes Element sollte geregelt und optimiert werden, was an einigen Stellen durch eine einzigartige Geräteanordnung ein hohes Maß an Erfindungsreichtum im Hinblick auf deren Betrieb erforderlich machte.

Ein Beispiel hierfür ist die Entwicklung des Rauchabzugsystems für das Restaurant in der Ebene -1. Ausgangspunkt war der Vorschlag des Büros Happold, große, über Kolben betätigte Oberlichter (Kolbenhubdachfenster) zu verwenden, die sich im Brandfall öffnen. Dieser Vorschlag wurde im Laufe der Entwicklung zu den großen Öffnungen weiterentwickelt, die heute als Türen
· über ihre Funktion als Rauchabzugsöffnungen hinaus
· Zugang nach draußen gewähren.

Auf der gleichen Ebene wurden Konzepte entwickelt, um die "kontrollierte Ästhetik" des "Surfboards", das bei den Büros des Turms eingesetzt werden sollte, auch in diesen größeren, öffentlichen Bereichen verwenden zu können. Ein Teil dieser Konzeptionierung war die Sichtbarkeit der Rippen der Betonkonstruktion.

aufnehmen konnte. Es ergab sich so eine einzigartige, weitestgehend integrative Anordnung, die das Entwurfsteam wegen ihrer Form auch das "Surfboard" nannte. Innerhalb dieser Anordnung wurde der übliche gekühlte Träger so umgestaltet, daß er das Aussehen eines von Kühlwasser durchflossenen, mit Rippen versehenen Käfigs erhielt. Die Raumluft konnte so frei um das "Surfboard" zirkulieren und die notwendige Kühlung der Büros erreichen. Durch die Rippenform der Kühlelemente erfolgte der Wärmeübergang vorwiegend durch Konvektion, eine Tatsache, die damals innerhalb des Teams zu Diskussionen hinsichtlich der zu erwartenden Wechselwirkung dieser Konvektion mit dem Aufwärtsstrom in den Büros führte.

Schließlich sprach man hier über ein für alle Achsfelder passendes, auf Maß gefertigtes, spezielles Deckenelement, dessen Verhalten (Leistung) überprüft und im Werk getestet werden müßte, um sicherzustellen, daß die Auslegungskriterien – Leistung und Komfort – auch erreicht würden.

Das "Surfboard" als ein gekühlter Träger sollte jedoch nur in den Bürogeschossen unter dem Technikgeschoß eingesetzt werden. Für die darüberliegenden Stockwerke, so hatte man ermittelt, ließen die hier höhere Kühllast und die vielfältigen Nutzungsformen, zum Beispiel Speiseräume, Sitzungssäle usw., die Anwendung des gekühlten Trägers nicht geraten erscheinen. Jedoch behielt man auch hier das gleiche Prinzip des (decken)integrierten "Surfboards" bei, das heißt, die Kanäle und Diffuser wurden in die gleiche Form (jedoch ohne Rippen) integriert.

Auf einer mehr gesamtheitlichen Ebene wurde das technische System des Turms um das Prinzip herum entwickelt, daß die Kälteanlagen, die Wärmequelle (gespeist aus dem städtischen Fernwärmenetz), die elektrische Zuleitung und die Hauptverteilung, die Wasserversorgung und die Sprinklertanks in den Untergeschossen sowie die Masse der Be- und Entlüftungsanlagen mit den Rückkühleinrichtungen im Maschinenraum im 18. Stockwerk untergebracht werden.

Ein kreisrundes Gebäude ist zwar in Bezug auf die Fassade und die Energielasten eine sehr effiziente Form, ergibt aber auch interessante Verteilungsprobleme in Hinblick auf die Versorgungseinrichtungen. Es wurde eine Strategie entwickelt, bei der die Elektro- und die Wasserversorgung in zwei Hauptsteigschächten in den

Leistungsvermessung des "Surfboards" bei TKT-Krantz in Bergisch-Gladbach.

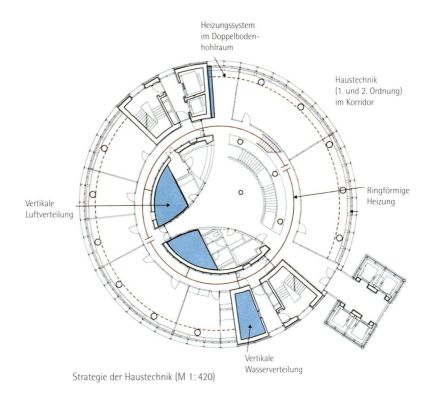

Strategie der Haustechnik (M 1: 420)

Luft
Joachim Stoll

Für den Hochhausturm der RWE AG in Essen wurden im Hinblick auf die natürliche Lüftung und in Zusammenhang mit der erstmalig eingesetzten doppelschaligen Fassade detaillierte Strömungssimulationen durchgeführt. Im einzelnen wurden die Fragestellungen
· natürliche Geschoßdurchlüftung bei Windangriff,
· natürliche vertikale Gebäudedurchlüftung,
· Durchlüftung und Aufheizung der Doppelfassade,
· Durchlüftung und Aufheizung des Aufzugsturms und
· natürliche Durchlüftung des Lüftungskanalnetzes
näher analysiert, wobei vor allem hochhaustypische Effekte die entscheidende Rolle spielen.

1. Wind
Der Windangriff an Gebäuden äußert sich in verschiedenster Form, zum Beispiel als Zerstörung außenliegender Beschattungsvorrichtungen, Querlüftungseffekte von Luv nach Lee, erhöhte Strömungsgeschwindigkeiten im Bereich des Arbeitsplatzes, erhöhte Türöffnungskräfte etc.

1.1 Windverhältnisse am Standort
In Essen dominieren Windanströmungen aus süd- bis westlichen Richtungen. In Höhe der oberen Geschosse übersteigen die Windgeschwindigkeiten in Stadtlage die Geschwindigkeiten an der Meßstation noch um ca. 30 - 40 %.

1.2 Windangriff am Gebäude, Gebäudeaerodynamik
In den folgenden Darstellungen ist die qualitative Druckverteilung an der Außenhaut des Gebäudes für verschiedene Windanströmrichtungen skizziert. Deutlich erkennbar sind die bei der Umströmung zylindrischer Gebäude resultierenden Sogspitzen, wie sie auch von Flugzeugtragflächen her bekannt sind.

1.3 Windgeschützter Sonnenschutz
Die doppelschalige Fassade bildet einen Windschirm gegen Böen und ermöglicht einen integrierten Sonnenschutz. Bei geeigneter Stauwärmeabfuhr kann der Gesamtenergiedurchlaßgrad auf Werte um 10 - 12 Prozent begrenzt werden, aus bauphysikalischer Sicht ein ausgezeichnetes, mit einem Außensonnenschutz vergleichbares Ergebnis. Im Vergleich zu Sonnenschutzverglasungen lassen sich damit die Kühllasten bzw. die Kühldeckenflächen reduzieren, wodurch Teile der Rohdecke für die Speicherung aktiviert und überproportionale Einsparungen erreicht werden können.

1.4 Winddruckausgleich
Im ersten Anlauf wurde ein Konzept zum Winddruckausgleich innerhalb einer umlaufenden doppelschaligen (Korridor-)Fassade entwickelt, das trotz der Treppenhäuser einen deutlichen Effekt ermöglicht hätte. Das Konzept konnte allerdings aufgrund erhöhter akustischer Anforderungen im Hinblick auf mögliche Schallübertragungen innerhalb des Fassadenkorridors für den RWE-Hochhausturm nicht weiter verfolgt werden.

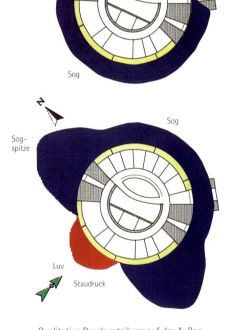

Qualitative Druckverteilung auf der Außenhaut bei Windangriff
Oben: Winddrücke (ca.) bei Ostwind
Unten: Winddrücke (ca.) bei Westwind

2. Natürliche Geschoßdurchlüftung
Aus psychologischen Gründen und zur Steigerung der Zufriedenheit und Leistungsfähigkeit am Arbeitsplatz sowie aus energetischen Gründen wurde eine weitgehende individuelle Fensterlüftung der Büros angestrebt. Die doppelschalige Fassade erlaubt eine Begrenzung der dynamischen Windeinwirkung auf die angrenzenden Büros, ohne den Luftaustausch zum Erliegen kommen zu lassen, wie am Fassadenprüfstand der Firma Gartner gezeigt. Im Rahmen unserer Strömungssimulationen wurden die Möglichkeiten der doppelschaligen Fassade im Hinblick auf die Begrenzung von Querlüftungseffekten und erhöhten Türöffnungskräften weiter untersucht.

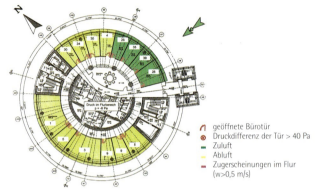

Luftwechsel bei mittlerer Windgeschwindigkeit (4 m/s)

2.1 Querlüftungseffekte
Die Graphik oben zeigt exemplarisch die Gebäudedurchlüftung bei mittlerem Wind für geöffnete Fenster und Türen in den Büros mit bis zu 40fachen Luftwechseln, wobei die Schlitze der doppelschaligen Fassade durchaus schon begrenzend wirken und einem Wegfliegen von losem Papier wirksam begegnen.

2.2 Türöffnungskräfte
Wenn sich die äußeren Winddrücke in das Gebäudeinnere fortpflanzen, ist mit erhöhten Türöffnungskräften und Kräften auf Trennwände etc. zu rechnen, die nicht nur die individuelle Fensterlüftung, sondern den Gebäudebetrieb beeinträchtigen können. Nach ergonomischen Untersuchungen gelten Türöffnungskräfte von 40 - 60 N (4 - 6 kg) etwa als Komfortgrenze und Türöffnungskräfte um 100 N (10 kg) als Obergrenze (siehe Grafik unten). Die darauffolgende Grafik zeigt exemplarisch Türdrücke bei 8 m/s Windgeschwindigkeit mit Werten um 50 Pa, entsprechend Türöffnungskräften von 50 N (5 kg) bei 2 m^2 Türfläche und einseitigem Anschlag.

Türöffnungskräfte: Links Zugkräfte und rechts Druckkräfte. Der Komfortbereich liegt bei F < 40 N, der obere Grenzwert bei F < 100 N.

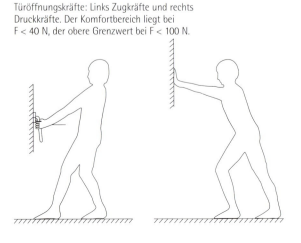

2.3 Betriebseinschränkungen der Fensterlüftung

Die Überschreitungshäufigkeiten des Komfortbereichs sowie der Obergrenzen der Büroluftwechsel und Türöffnungskräfte wurden jeweils für ein Büro bei einem weiteren gleichzeitig geöffneten Büro (1:1) oder allen geöffneten Büros (1:n) betrachtet. Die Abweichungen zwischen den Szenarien bleiben eher gering, so daß die Ergebnisse leicht interpretiert werden können. Während circa 30 - 40 Prozent der Betriebszeit kann ein 25facher Luftwechsel überschritten werden, ab dem ein Schließen der Bürotüren empfohlen wird. Ein circa 200facher Luftwechsel, ab dem beim RWE-Hochhaus mit einem Wegfliegen von Papier zu rechnen ist, tritt aufgrund der Querschnitts-

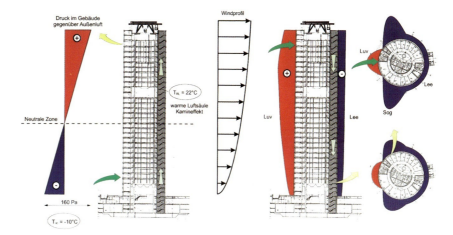

Treibende Kräfte bei der vertikalen Gebäudedurchströmung
Links: Thermik, Strömung von unten nach oben
Rechts: Wind, Strömung in beiden Richtungen möglich

Türdrücke bei hoher Windgeschwindigkeit (8 m/s)

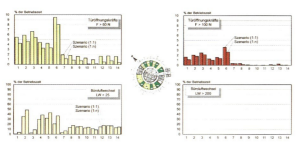

Komforteinbußen und Betriebseinschränkungen bei der natürlichen Lüftung durch Wind

begrenzung durch die Lüftungsschlitze praktisch nicht auf. Die Türöffnungskräfte überschreiten allerdings in einigen westlichen Büros für circa 5 Prozent der Betriebszeit die Komfortgrenzen und für circa 2 Prozent der Betriebszeit die oberen Grenzwerte, so daß die gebaute doppelschalige Fassade erhöhte Türöffnungskräfte nicht vermeiden kann. Dies führte letztlich zu der Entwicklung eines Tableaus in den Büros, über das das Gebäude mit seinen Nutzern bezüglich der Fensterlüftung kommuniziert. Bei Windgeschwindigkeiten um 8 m/s am Gebäude müssen die Fenster geschlossen werden.

3. Natürliche vertikale Gebäudedurchlüftung

3.1 Treibende Kräfte

Die natürliche vertikale Gebäudedurchlüftung wird vor allem durch die winterliche Thermik beziehungsweise die Kaminwirkung der Aufzüge und Treppenhäuser angetrieben. In den unteren Geschossen resultiert daraus ein Unterdruck, in den oberen ein Überdruck gegenüber der Umgebung.

3.2 Aufzüge und Treppenhäuser

Beim Verwaltungsgebäude der RWE AG sind
· 2 Feuerwehraufzüge beziehungsweise Expreßaufzüge
· 2 Treppenhäuser im Inneren des Gebäudes und
· 4 Glasaufzüge im Aufzugsturm,
mit Schächten jeweils vom 3. Untergeschoß bis 27. Obergeschoß vorgesehen.

3.3 Entrauchungs- und Druckhaltungsklappen, Triebwerksräume

Zunächst war es wichtig, die Entrauchungsöffnungen in den Aufzugsschächten und die Druckhaltungsklappen in den Treppenhäusern im Normalbetrieb geschlossen zu halten und die Triebwerksräume geeignet auszubilden, um unnötige Kaltlufteinträge über die Eingangsbereiche zu vermeiden. Da normale Druckhaltungsklappen aufgrund der Auftriebsdrücke geöffnet hätten, wurden steuerbare Klappen eingesetzt.

Unten links: natürliche Gebäudedurchlüftung bei geschlossenen Fenstern; Einfluß der Entrauchungsöffnungen in den Aufzugsschächten, geöffnete und geschlossene Entrauchungsöffnungen
Unten rechts: natürliche Gebäudedurchlüftung bei geschlossenen Fenstern; Einfluß der Druckhaltungsklappen, geöffnete und geschlossene Druckhaltungsklappen

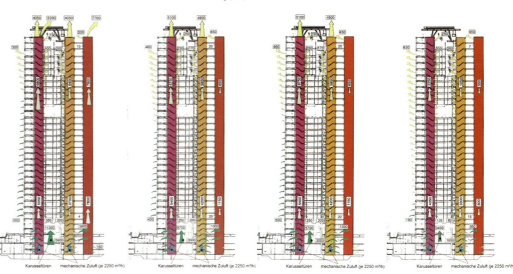

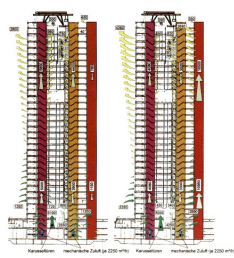

Natürliche Gebäudedurchlüftung bei geschlossenen Fenstern; Einfluß der Schleusen vor dem Glasaufzugturm (je Geschoß 1 Büro mit geöffnetem Fenster und geöffneter Tür)
Links: geschlossene Schleusentüren
Rechts: geöffnete Schleusentüren

3.4 Aufzugtüren, Schleusen

Wegen der vergleichsweise undichten Aufzugtüren wurden vorgelagerte Schleusentüren vorgesehen. Der Effekt der Schleusentüren ist für gleichzeitig geöffnete Bürofenster und Bürotüren zusammen mit den resultierenden Luftvolumenströmen in den Aufzügen vergleichend dargestellt. Die Bedeutung der Schleusen ist auch anhand der Luftvolumenströme im Erdgeschoß und dem über die Eingangshalle verbundenen 1. Untergeschoß, wo auf entsprechende Schleusen verzichtet wurde, gut erkennbar.

3.5 Eingangssituation, Terrassentüren

Dem Eingangsbereich kam aufgrund der Außentüren und der speziellen Anbindung der Aufzüge über mehrere Geschosse besondere Bedeutung zu. Im Rahmen der Abstimmung der Strömungswiderstände im Gebäude wurden hier Maßnahmen zur Verbesserung der Dichtigkeit
· der Karusseltüren im Eingangsbereich,
· der Treppenhausschleusen im 1. - 3. Untergeschoß und
· der Schleusen zu den Tiefgaragen im 1. und 2. Untergeschoß ergriffen.

Weiterhin konnten Empfehlungen zur Dichtigkeit des Hydraulikaufzugs und zur Vermeidung eines winterlichen Öffnens der Terrassentüren im 1. Untergeschoß und im 27. Obergeschoß abgeleitet werden.

3.6 Fensterlüftung in den Büros

Die Rückwirkungen der natürlichen vertikalen Durchlüftung auf die Fensterlüftung fallen eher moderat aus. Bei guter Dichtigkeit der Bürotüren blieben Querlüftungseffekte unterhalb einem 20fachen Luftwechsel, bei geöffneten Bürotüren steigt der Luftwechsel auf circa 70fach, womit allerdings noch kein Wegfliegen losen Papiers verbunden ist. Die Intensität der Durchlüftung kann außerdem durch individuelles Schließen der Bürotür leicht beeinflußt werden. Die zeitweisen Luftgeschwindigkeiten um 0,3 m/s in den Fluren erschienen vertretbar.

3.7 Türöffnungskräfte, Schachttüren der Aufzüge

Für die projektspezifischen Randbedingungen wurde letztlich zur Vermeidung von Türöffnungskräften oberhalb 100 N (10 kg) eine Begrenzung der Fensterlüftung auf Außenlufttemperaturen oberhalb +2°C empfohlen. Weiterhin wurden auch die Druckdifferenzen an den Schachttüren der Aufzüge ermittelt und Hinweise für die Aufzugshersteller abgeleitet.

4. Natürliche Fassaden- und Aufzugsdurchlüftung

Für die doppelschalige Fassade muß die sommerliche Aufheizung begrenzt werden, um zusätzliche Betriebseinschränkungen der Fensterlüftung gering zu halten. Besonderes Augenmerk ist bezüglich der Aufheizung auch dem gläsernen Aufzugsturm zu widmen.

4.1 Doppelschalige Fassade

In der folgenden Abbildung sind Lufttemperaturen innerhalb des Fassadenkorridors für verschiedene Orientierungen innerhalb der beiden Schalen (NO- und SW-Schale) zwischen den Treppenhäusern dargestellt. Links sind jeweils die Verhältnisse an einem sonnigen Julitag und rechts die Häufigkeiten erhöhter Temperaturen während eines mittleren Jahres dargestellt. Wegen der gleichzeitig erhöhten nachmittäglichen Außenlufttemperaturen und intensiver Besonnung der westlichen Fassadenbereiche ergeben sich dort Spitzentemperaturen von 42 - 45°C. Diese Temperaturen könnten durch größere Lüftungsschlitze in der Außenhülle stärker gedämpft werden, wurden im vorliegenden Fall aber bewußt akzeptiert, um die schon betrachteten Querlüftungseffekte sinnvoll zu begrenzen. Im Jahresgang bleiben die Häufigkeiten extremer Temperaturen insgesamt relativ gering. Überschreitungen von 25°C treten zum Beispiel je nach Fassadenorientierung für circa 100 - 250 h/a während der Betriebszeit auf.

Lufttemperatur innerhalb der Fassade
Links: Tagesgang an einem sonnigen Julitag nach DIN 4710 / VDI 2078
Rechts: Jahresgang für das Testreferenzjahr TRY Region 3

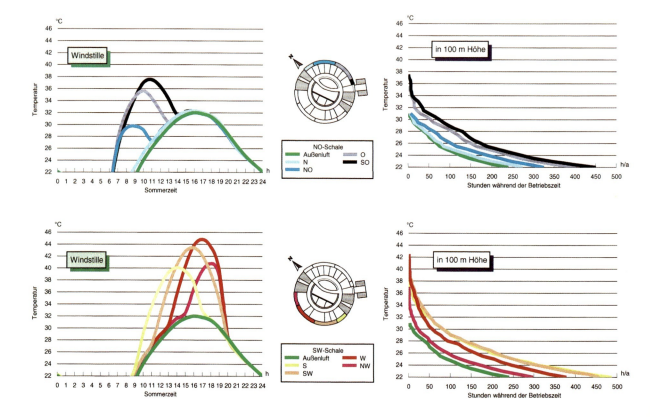

4.2 Aufzugsturm

Für die Außenaufzüge standen verschiedene Fassadenalternativen (Einfach- oder Wärmeschutzverglasung mit oder ohne Außenbeschattung) zur Diskussion. Wie erste Untersuchungen zur Strahlungsabsorption ergaben, muß ohne Beschattung trotz des gläsernen Charakters der Aufzüge damit gerechnet werden, daß circa 75 % der Solarstrahlung absorbiert und in Wärme umgesetzt werden.

Durch eine natürliche Lüftung über Öffnungen im Fuß- und Kopfbereich des Aufzugs von jeweils circa 2 m² aerodynamisch wirksamer Fläche konnten die Lufttemperaturen im Kopfbereich in einem Fall von circa 60° C auf circa 45°C begrenzt werden, bei allerdings weiterhin hohen Bauteiltemperaturen. Nach eingehender Diskussion, auch unter Berücksichtigung des Winterfalls, wurde letztlich eine Außenbeschattung in Verbindung mit einer Wärmeschutzverglasung gewählt, wodurch der solare Strahlungseintrag deutlich begrenzt, und die natürliche Nachströmung mit mechanischer Absaugung am oberen Aufzugsturm ausgeführt werden konnte.

5. Natürliche Kanalnetzdurchlüftung

In einem abschließenden Schritt wurden schließlich die Rückwirkungen der Fensterlüftung auf den Betrieb der raumlufttechnischen Anlagen untersucht. Besonderes Augenmerk ist dabei auf Schieflagen der Luftversorgung durch Abweichungen von den Soll-Volumenströmen zu richten. Bei sehr unterschiedlichen Winddrücken in verschiedenen Büros muß sogar mit Strömungsumkehr und mit der Gefahr der Geruchsübertragung von einem Büro zum anderen gerechnet werden.

5.1 Segmentierung des Kanalnetzes

Das Kanalnetz wurde zunächst dahingehend segmentiert, daß jeweils für die beiden Schalen (Ost [NO]-Schale, West [SW]-Schale) je Geschoß separate Volumenstromregler vorgesehen wurden (vgl. Schemaskizze unten).

5.2 Betriebszustände, Szenarien

Für die verbleibenden zusammenhängenden Bereiche mußten bezüglich der möglichen Betriebszustände
· mechanische Lüftung,
· natürliche Lüftung bei geschlossener Bürotüre und
· natürliche Lüftung bei geöffneten Bürotüren
unterschiedlichste Szenarien untersucht werden.

5.3 Strömungsschieflagen, Strömungsumkehr

Das folgende Diagramm zeigt exemplarisch sollwertbezogene Volumenströme für die Ost(NO)-Schale, wobei sich in einem luvseitigen Büro mit Fensterlüftung bereits bei Windgeschwindigkeiten von 6 m/s eine zuluftseitige Strömungsumkehr mit der Gefahr einer Geruchsübertragung in andere Büros zeigte. Um diesen Effekten zu begegnen, wurden die Strömungswiderstände des Kanalnetzes geeignet abgestimmt, womit die Strömungsumkehr bei Fensterlüftung, das heißt bei Windgeschwindigkeiten unterhalb 8 m/s ausgeschlossen werden kann und sich keine zusätzlichen Betriebseinschränkungen der Fensterlüftung ergeben.

6. Zusammenfassung

Mit den durchgeführten Strömungssimulationen zu den Themen
· natürliche Geschoßdurchlüftung,
· natürliche vertikale Gebäudedurchlüftung,
· natürliche Durchlüftung der doppelschaligen Fassade,
· natürliche Durchlüftung des Aufzugsturms
· natürliche Durchlüftung des Lüftungskanalnetzes
sowie den gekoppelten thermischen Simulationen zur Fassade und zum Aufzugsturm konnten die Betriebsmöglichkeiten der Fensterlüftung während der Planung erkannt und in optimierender Weise beeinflußt werden, um das gesamte Gebäude für den natürlichen Fensterlüftungsbetrieb zu ertüchtigen und eine natürliche Fensterlüftung der Büros über einen möglichst weiten Bereich des Jahres zu erlauben.

Die ermittelten noch verbleibenden Betriebseinschränkungen der Fensterlüftung durch
· Windgeschwindigkeiten über 8 m/s (circa 300 h/a) und
· Außenlufttemperaturen unter 2°C (circa 100 – 250 h/a)
werden im Gebäudebetrieb über das entwickelte Tableau kommuniziert und von den Büronutzern entsprechend berücksichtigt, und zwar letztlich sogar unterschiedlich für die verschiedenen Geschosse. Das Reagieren auf erhöhte Lufttemperaturen im Fassadenkorridor bei intensiver sommerlicher Besonnung erfolgt individuell.

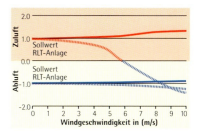

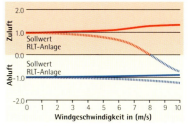

Das obere Diagramm zeigt den Einfluß der natürlichen Lüftung auf den RLT-Betrieb, das untere Diagramm die Situation bei abgestimmten Strömungswiderständen. Die gestrichelten Linien markieren die Werte bei einem luvseitigem Büro mit geöffnetem Fenster.

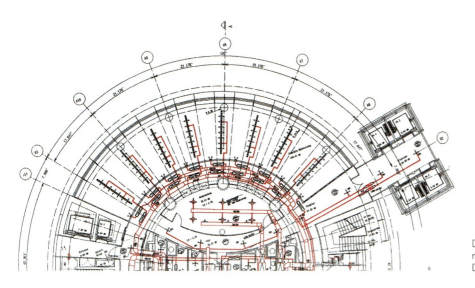

Der Deckenspiegelschnitt zeigt die Anordnung der Kanalkomponenten Zu-/Abluft zur Darstellung der geschoßweisen Druckverluste.

Haustechnik
Klaus Daniels und Dieter Henze

Windkanaluntersuchungen

Die im Rahmen der Gesamtbebauung des Planungsgebietes entstehenden Gebäude sowie die Vernetzung der innerstädtischen Grünflächen mit den Außenanlagen ließen bereits frühzeitig erkennen, daß sich das Windfeld im Planungsgebiet sowie in den angrenzenden Stadtbereichen verändern wird. Dies trifft sowohl auf das Immissionsfeld (zusätzlicher Verkehr) wie auch auf das bodennahe Windfeld zu. Darüber hinaus wurden zur Absicherung der aerodynamischen Simulationen Vorgaben über die Verteilung der windbedingten Druckverteilung am Gebäude benötigt, so daß das IFI-Institut für Industrieaerodynamik GmbH mit einer umfangreichen Windkanalstudie beauftragt wurde. Der Umfang der Studie wurde von den Planungsbeteiligten in einem Anforderungsprofil spezifiziert und umfaßte folgende Problemkreise:
· Untersuchung des bodennahen Windfeldes
· Untersuchung des Immissionsfeldes
· Bestimmung der Windlasten des Hochhauses
· Untersuchung der Be- und Entlüftung
· Untersuchung des Immissionsfeldes auf der Dachterrasse infolge Fortluftströmungen
· Untersuchung der Durchströmung und Entrauchung einer Etage

Die hierbei erzielten Ergebnisse lieferten bereits in einem frühen Planungsstadium wesentliche Rahmendaten über die zu erwartenden Windeinflüsse und führten sowohl in der Architektur wie auch bei den technischen Anlagen und der Bemessung der konstruktiven Elemente zu optimierten Systemlösungen.

Die Untersuchungen zur Bestimmung der Immissionsfelder, des bodennahen Windfeldes sowie des Windprofils im Planungsbereich wurden an einem topographischen Stadtmodell im Maßstab 1:500 im Grenzschichtwindkanal, die Untersuchungen zur Bestimmung der Windlasten, der Be- und Entlüftung und der Entrauchung an einem Sektionsmodell im Maßstab 1:64 in einem Freistrahl-Windkanal durchgeführt.

Förderanlagen

Für die Wahl der Lage der Erschließung waren neben den baurechtlichen Vorgaben und den konstruktiven Überlegungen vor allen Dingen organisatorische Gesichtspunkte maßgebend. Durch die Anordnung eines freigestellten, seitlich neben dem Hochhausturm stehenden Aufzugsturms, der durch seine Transparenz einen freien Ausblick auf die Stadt gewährt, dient dieser dem Nutzer des Ge-

Modelle im Windkanal
Von links nach rechts: Topographisches Stadtmodell 1:500 im Windkanal zur Untersuchung des bodennahen Windfeldes. Modelle der Gebäudespitze zur Untersuchung des Immissionsfeldes auf der Dachterrasse infolge Fortluftströmungen. Sektionsmodell 1:64 im Freistrahl-Windkanal zur Ermittlung der Windlasten der Gebäudedurchströmung sowie der Entrauchung.

Links: Außenliegender Aufzugsturm zur vertikalen Verteilung der Personenströme; 4 Aufzüge je 13 Personen, Geschwindigkeit 3.5 m/s.
Rechts: Gleichstromgeregelte, getriebelose Aufzugsantriebe im Maschinenraum unterhalb der Gebäudespitze

bäudes als Orientierungspunkt mit überschneidungsfreien Vorbereichen vor den Aufzügen. Die im Außenkern angeordneten Feuerwehraufzüge sind jeweils als Lastenaufzug sowie als Vorstandsaufzug ausgeführt, so daß durch die dadurch entstandene Reduzierung des Innenkerns eine Optimierung des Verhältnisses von natürlich belüftbaren und belichtbaren Flächen zu innenliegenden Nebenflächen erreicht wurde.

Zum internen Transport zwischen den Untergeschossen mit Anbindung an die Tiefgarage und die Eingangsebene dienen zwei Hydraulik-Glasaufzüge. Die Steuerung der Personenströme in den Obergeschossen erfolgt über 4 Seilaufzüge der Firma Thyssen mit einer Tragfähigkeit von jeweils 13 Personen, die als Einzelerschließung die jeweils 32 Haltestellen im Gebäude anfahren. Die Optimierung der bei einer Fördergeschwindigkeit von 3,5 m/s erreichbaren Kapazität erfolgt über eine Gruppen-Sammel-Steuerung, die jeweils zur Hauptbefüllung und -entleerung vorrangig in eine Richtung umgeschaltet werden kann. Als Antriebsaggregate wurden gleichstromgeregelte, getriebelose Aggregate mit statischem Umformer verwendet, die in einem Maschinenraum unterhalb der Gebäudespitze angeordnet sind. Die thermischen Simulationen zur Ermittlung der zu erwartenden Temperaturverhältnisse im Aufzugsturm führten zu einer Beheizung der Schächte im Winter sowie zu einer Kühlung der Kabinen über sogenannte Splitgeräte mit einer Leistung von jeweils 2 KW pro Kabine. Zur Entwärmung des Schachtes im Sommer sind darüber hinaus im unteren Bereich Öffnungsflächen sowie im oberen Bereich Abluftventilatoren eingebaut, die die eingestrahlte Sonnenenergie bei Bedarf abführen. In den Übergangszeiten wird der solare Wärmegewinn zur Temperierung des Schachtes und der Vorräume genutzt. Um den thermischen Auftriebsströmungen im Winter einen entsprechenden Widerstand entgegenzusetzen, wurde größter Wert auf die Dichtigkeit der Schachttüren und der Seildurchführungen gelegt, so daß sowohl unkontrolliertes Einströmen von Kaltluft im Erdgeschoß als auch akustische Belästigungen weitgehend reduziert werden.

Photovoltaikanlage Loggiavordach

Zur aktiven Nutzung der Sonnenenergie wurden bei der Vordachkonzeption Mehrfachnutzungen angestrebt. Die Optimierungsüberlegungen führten letztendlich zu einer integrierten Konstruktion für die Aufnahme der Photovoltaikelemente, die sowohl der Stromerzeugung dient wie auch als Sonnenschutz für den Eingangsbereich den verbindenden Abschluß der beidseitig des Hochhauses verlaufenden Randgebäude darstellt.

In das Vordach sind 192 Fischbauchlamellen als Verschattungselemente mit einer Neigung von 32° integriert, die auf der Oberseite mit monokristallinen Solarzellen belegt sind. Die photovoltaisch erzeugte Energie wird ohne Zwischenspeicherung direkt über Wechselrichter in das hausinterne Netz eingespeist. Die maximale Leistung der Anlage beträgt ca. 19 KWp. Zur Darstellung der Anlagenzustände sind entsprechende Außensensoren zur Erfassung der Einstrahlung, der Modultemperatur sowie der Außentemperatur vorhanden, die eine kontinuierliche Darstellung der
· aktuellen horizontalen Sonneneinstrahlung,
· aktuellen Wirkleistung des Generators,
· aktuellen Außentemperatur,
· aktuellen Modultemperatur und der
· bisher erzeugten Energie
über einen Rechner auf der im Foyer des 1. UG angeordneten Anzeigetafel erlauben.

Links: Loggia über dem Haupteingang mit integrierten Photovoltaikelementen zur Stromerzeugung aus Sonnenenergie.

Wärmeversorgung

Die Versorgung der Wärmeverbraucher des Hochhauses wie auch der Randbebauung erfolgt über das Fernwärmenetz der STEAG, Essen, als indirekte Einspeisung mit drei Fernwärmeübergabestationen.

Unter Berücksichtigung der geforderten Garantiedaten, der Gebäudestruktur sowie der zu versorgenden Verbraucher ergibt sich eine addierte Leistung von insgesamt 2.900 kW.

Zur Trennung des Primärnetzes der STEAG von dem hauseigenen Sekundärnetz sind unter Zugrundelegung einer Gleichzeitigkeit von 0,9 folgende Wärmetauscher installiert:
· 2 Wärmetauscher je 1.300 kW – Statische und Dynamische Heizung
· 1 Wärmetauscher 120 kW – Freiflächenheizung Vorfahrt
· 1 Wärmetauscher 50 kW – Warmwasserbereitung Küche / Sozialräume.

Zur Erzeugung eines wirtschaftlichen Druckniveaus sind drei separate über Plattenwärmetauscher abgesicherte Druckzonen vorgesehen.

Die Verteilung des Heizwassers erfolgt im Zweirohrsystem aus der Übergabezentrale im 3. UG über Zubringerpumpen (differenzdruckgesteuert) zu den RLT-Zentralen im 3. UG sowie zum Technikgeschoß (T1) im Hochhaus. Im Technikgeschoß sind die Wärmetauscher für die Druckzonen 2 und 3 mit den Verteilern / Sammlern aufgestellt.

Die Aufteilung der Heizkreise erfolgte abhängig von der Verbraucherstruktur und der Gebäudekonfiguration sowie der Druckstufenzuordnung in einzelne zugeordnete Hauptverbraucherkreise.

Warmwasserbereitung

Da sich für das Gebäude nach den durchgeführten Wirtschaftlichkeitsüberlegungen eine dezentrale Brauchwarmwasserbereitung mittels Elektro-Untertischgeräten als wirtschaftlichste Versorgung darstellte, wurde eine zentrale Brauchwasserversorgung mit Speicher und indirektem Wärmetauscher mit einer Leistung von 50 KW lediglich für die Küchen- und Sozialräume im UG notwendig.

Freiflächenheizung

Zur Gewährleistung einer frostfreien Gebäudevorfahrt sind die Vorfahrtsrampen sowie die Vorfahrt mit einer wasserführenden Fußbodenheizung ausgerüstet. Die Heizwasserversorgung erfolgt durch einen Plattenwärmeaustauscher, der im 1. UG im STEAG-Übergaberaum aufgestellt ist. Im Rohrnetz sind in der Fülleitung des Heizsystems entsprechende Enthärtungs- und Dosieranlagen eingebaut.

Regelung und Steuerung

Für die Regelung und Steuerung der Wärmeversorgungsanlagen ist ein elektronisches Regelsystem (DDC) eingebaut mit Aufschaltung auf die zentrale Leittechnik. Für die Büroräume erfolgt eine Einbindung der Heizflächensteuerung über das übergeordnete BUS-System. Für die Regelkreise der statischen Heizung wurden witterungsgeführte Regeleinheiten vorgesehen, die mit Tag-/Nachtschaltung sowie Wochenprogramm ausgerüstet wurden. Vorerhitzer der RLT-Anlagen erhielten eine konstante Vorlauftemperaturregelung.

Heizflächen

Entsprechend den baulichen und architektonischen Rahmenbedingungen erfolgte die Auswahl und Aufteilung der Heizflächen bezogen auf das Fassadenrastersystem.
· Plattenheizkörper mit glatter Frontplatte in ein- oder mehrlagiger Ausführung für die Nebenräume, WCs, externen Aufzüge
· Unterflur-Konvektoren in den Büros, Mitarbeiterrestaurants, Treppenhäusern T1 und T2 sowie im Aufzugsvorraum Extern und im Erdgeschoß
· Fußbodenheizung (Fb) im Untergeschoß, der EG-Eingangshalle sowie auf der Vorfahrtsrampe und in der Türschleieranlage im Bereich Anlieferung 1. UG.

Jeder Heizkörper erhielt im Vorlauf ein Thermostatventil, im Rücklauf eine Verschraubung und Regulierung. Zur Abschirmung des Kaltluftabfalls im Bereich der hohen Glasfassaden des Eingangsfoyers wurde eine Beheizung über luftführende statische Fassadenprofile gewählt, die durch Anblasen der Scheiben sowohl eine Schwitzwasserbildung wie auch einen Kaltluftabfall verhindern. Für die Glaskuppel im Aufsichtsratssaal wurde auf Grund der Konstruktionsstärke sowie der Erschließung eine Profilbeheizung mit wasserführenden Profilen gewählt.

Sanitäranlagen

Die Abführung von Schmutz- und Regenwasser erfolgt für die über Straßenniveau liegenden Bereiche über innenliegende Rohrsysteme, die an das Trennsystem der Stadt Essen direkt angeschlossen sind. Für die Verbraucher in den Untergeschossen sind Hebeanlagen vorgesehen, die das Abwasser rückstaufrei dem Kanal zuführen. Zur Ableitung der fetthaltigen Abwässer im Küchen-

Wärmezentrale im 3. UG mit Fernwärmeübergabe als indirekte Gebäudeeinspeisung über Wärmetransfer, Unterteilung in einzelne Druckzonen mit Pumpenkreisen, Regelung und Sicherheitsarmaturen sowie Trassenverteilungen zu den Einzelverbrauchern.

bereich ist eine Fettabscheideanlage mit nachgeschalteter Hebeanlage installiert.

Wasserversorgung

Die Wasserversorgung erfolgt durch einen Anschluß an die städtische Versorgungsleitung im 2. UG des Hochhauses. Um stehendes Wasser in den Feuerlöschleitungen zu vermeiden, wurde die Versorgungsleitung über die Feuerlöschleitung der Tiefgarage zur Gebäudeversorgung in die Sanitärzentrale in das 3. UG geführt. Über Rückspülfilter und Druckminderanlage erfolgt die Einspeisung in das Hausnetz.

Die Strangzuordnungen richten sich nach der vorhandenen Verbraucherstruktur sowie der Aufteilung der Druckzonen und sind folgendermaßen aufgeteilt:
· Hauptverteilung im 3. UG, Sprinklerzentrale, Sozialräume, Zisterne
· über Druckerhöhung Verteiler Küchenverbraucher, Verbraucher UG – 7. OG, Feuerlöschanlagen UG – 7. OG, Versorgung Unterstation T0
· über weitere Druckerhöhung: Verbraucher 8. – 27. OG, Feuerlöschanlage 8. – 27. OG

Der maximale Anschlußwert beträgt 23 m^3/h für Trinkwasser und 150 m^3/h für Feuerlöschwasser.

Zur Versorgung von Sonderverbrauchern im Küchenbereich sowie für Kühltürme, Heizungsnachspeisung und Klimaanlagen ist eine Enthärtungsanlage als Doppelanlage installiert, die Weichwasser mit 3° dH erzeugt. Nachgeschaltet ist hier für die Versorgung der Kaltdampfbefeuchter in den Klimaanlagen eine Umkehrosmose-Anlage, die die erforderliche Menge von Reinwasser zum störungsfreien Betrieb der Aggregate sicherstellt.

Freianlagen-Wassertechnik

Bei der Gestaltung der Freianlagen wurde zur Aufwertung des gebäudenahen Außenraumes und zur Nutzung der adiabaten Kühleffekte im Sommer eine Vielfalt an unterschiedlichen Wasserflächen eingesetzt. Zur Versorgung der Wasserbecken, der Wasserkaskaden und des Sees mit einer Oberfläche von 1.800 m^2 ist eine differenzierte Umwälz- und Aufbereitungstechnik im 3. UG installiert.

Für die Bewässerung der Außenanlagen wird das unbelastete Regenwasser in einer Zisterne mit einem Inhalt von 150 m^3 gesammelt, aus der bei Bedarf im Sommer die Bewässerungssysteme gespeist werden.

Als kritisches Planungsproblem stellte sich im Verlauf der Detaillierung der ebenengleiche Anschluß des Sees an die Schrägverglasung des Kasinos und der Terrasse dar. Spraybildung und ein Überschwappen auf die Terrasse bzw. an die Schrägverglasung sollten durch eine entsprechend dimensionierte Rinnenausbildung auch bei Windstau und Oberflächenwellen vermieden werden. Im Rahmen einer Studie wurde vom IFI Institut für Industrieaerodynamik GmbH, Aachen eine Optimierung der Rinnenbreite in Verbindung mit Windschutzmaßnahmen und nachgeschalteten Auffangbehältern erarbeitet, die im ungünstigsten Fall eine schnelle Ableitung des Seewassers gewährleistet.

See mit angrenzender Restaurantterrasse mit einer Oberfläche von ca. 1.800 m^2 mit Speisung aus aufgefangenem Regenwasser. Der See wird über die Kaskade mit gefiltertem Umlaufwasser gespeist. Der Abfluß befindet sich an der Vertikalfassade der Vorstandsspeiseräume.

Feuerlöschanlagen

Als Feuerlöschanlagen zur Erstbekämpfung sind im Gebäude sowohl in den Obergeschossen wie auch in den Untergeschossen und der Tiefgarage jeweils an den Zugängen der Fluchtwege Feuerlöschkästen mit Strahlrohr und Anschluß an eine nasse Steigleitung und Brandmelder installiert.

Auf Grund der besonderen Baukonstruktion in Verbindung mit der Doppelfassade wurde vom Brandschutzgutachter der Einsatz einer flächendeckenden automatischen Sprinkleranlage gefordert, die eine frühzeitige Brandbekämpfung am Entstehungsort ermöglicht und dadurch das Risiko einer Brandausbreitung im Gebäude minimiert. Durch den Einbau einer solchen Anlage konnten die Brandabschnitte vergrößert und die Brandschutzqualitäten der Bauteile reduziert werden, wodurch die Kosten im Ausbau erheblich gesenkt werden konnten.

Die Sprinkleranlage besteht aus einer zentralen Wasserversorgung mit Anschluß an das öffentliche Versorgungsnetz, einem Vorratsbehälter, der den nicht vom Netz gestellten Fehlbedarf des notwendigen Wasserbedarfs speichert, dem Druckluftwasserkessel als zweite gesicherte Versorgung sowie den zentralen Druckerhöhungspumpen. Die Zuordnung der Pumpen erfolgt entsprechend den Druckstufen mit Anschluß an die Netzersatzanlage. Das gesamte Rohrnetz ist als Naß-Sprinklersystem mit Wasser unter ständigem Überdruck gefüllt. Bei Auslösung eines Sprinklers fällt der Druck an der Sprinklerdüse und damit im Rohrnetz ab, und die Alarmventilstation wird durch den am Verteiler anstehenden Wasserdruck geöffnet. Hierbei wird der Druckschalter mit Wasser beaufschlagt, und es wird ein Feueralarm über die Brandmeldeanlage ausgelöst.

Im Brandfall öffnen sich nur die Sprinkler, die sich direkt über dem Feuer bzw. in deren unmittelbarer Nachbarschaft befinden. Hierdurch wird der mögliche Wasserschaden eingeschränkt.

Sprinklerzentrale im Untergeschoß zur Versorgung des aufgehenden Gebäudes sowie der Tiefgarage mit Druckerhöhungspumpen, Alarmventilstationen und Druckluft-Wasserkessel sowie Vorratsbehälter.

RLT-Anlagen, Kälteanlagen

Wesentlicher Planungsansatz für den Umfang der einzusetzenden technischen Anlagen für die lufttechnische und thermische Konditionierung war der Wunsch, auch für ein Gebäude dieser Höhe über weite Bereiche der Betriebszeit eine individuelle natürliche Be- und Entlüftung zu ermöglichen. Gleichzeitig sollten die Arbeitsbereiche eine maximale Behaglichkeit bei Minimierung des zur Aufrechterhaltung der Behaglichkeitsbedingungen notwendigen Energiebedarfs und Anlagenaufwandes aufweisen. Durch ein abgestimmtes ganzheitliches Konzept von Baukörper, Fassade und technischer Gebäudeausrüstung wurde im Rahmen eines aufwendigen theoretischen und experimentellen Optimierungsprozesses eine für das Gebäude maßgeschneiderte Lösung entwickelt, die während annähernd 70 % – 80 % der Betriebszeit eine natürliche Be- und Entlüftung der außenliegenden Büroflächen zuläßt. Durch die Aktivierung der Gebäudespeichermassen in Verbindung mit einer möglichen Nachtauskühlung über die wettergeschützte zweite Haut der Fassade konnte der zu erwartende Energieverbrauch für die Büroflächen um ca. 25 % gegenüber einer konventionellen Klimatisierung reduziert werden. In Zeiten, in denen eine Be- und Entlüftung über die Fenster aus energetischen, sicherheitstechnischen oder Behaglichkeitsgründen nicht sinnvoll ist, wird die erforderliche Außenluftversorgung mit einem 2,5fachen Luftwechsel über eine unterstützende Be- und Entlüftungsanlage mit Wärmerückgewinnung, Kühlung und Befeuchtung sichergestellt. Die Abfuhr der thermischen Lasten im Sommer erfolgt über konvektive Kühldeckenelemente, die in das Deckensegel der Büros integriert wurden. Durch die intensiven Optimierungsbemühungen aller Planungsbeteiligten zu einem sehr frühen Zeitpunkt konnten interessante ökologische und ökonomische Synergieeffekte erreicht werden, bei denen die Fassade in Verbindung mit den baulichen und technischen Unterstützungsmaßnahmen einen individuellen Außenkontakt ermöglicht, gleichzeitig den Innenraum vor negativen Einflüssen des Außenklimas abschirmbar und positive Außeneinflüsse bedarfsgerecht nutzbar macht. Zur Aufrechterhaltung der Behaglichkeitsbedingungen in den Büros sowie zur energetischen Optimierung wurde ein intelligentes Steuerungs- und Regelsystem eingesetzt, das die einzelnen Funktionen wie Ein- und Ausschaltung der Ergänzungsbeleuchtung in Verbindung mit dem Sonnenschutzsystem, Steuerung von Heizung, Kühlung und mechanischer Be- und Entlüftung über ein speziell für das Gebäude entwickeltes Raumtableau ermöglicht.

Um eine sachgemäße Nutzung der Fensterlüftung zu ermöglichen, wird dem Nutzer des Büros am Tableau angezeigt, wann auf Grund der Außeneinflüsse (zu hohe oder zu niedrige Außentemperatur, zu hohe Windgeschwindigkeit) bei Fensterlüftung mit Behaglichkeitseinschränkungen oder Betriebsstörungen zu rechnen ist. Um einen störungsfreien Betrieb zu ermöglichen, werden folgende Meßwerte erfaßt:

· Tägliche Informationen über die für den folgenden Tag zu erwartenden Wetterdaten vom Wetteramt Essen
· Messung der Temperaturen im Fassadenzwischenraum in unterschiedlichen Gebäudehöhen und Himmelsrichtungen und Aufschaltung auf die Gebäudeleittechnik
· Messung der aktuellen Windgeschwindigkeit an der Gebäudespitze und Umrechnung auf Gebäudehöhensegmente mit Aufschaltung auf die Gebäudeleittechnik
· Büroweise Anzeige der Fensteröffnung an der Gebäudeleittechnik mit Aufschaltung auf Telefonanlage
· Büroweise Unterbrechung der Kühlung mittels Kühldecke bei Fensteröffnung
· Erfassung der Außenhelligkeit zur automatischen Steuerung des außenliegenden Sonnenschutzes

Die vielfältigen technischen Funktionen wie Beleuchtung, Lüftung, Kühlung, Brandschutz etc. sind in einem multifunktionalen Deckenelement integriert, das im Hinblick auf seine Funktionsfähigkeit zur Kühlung, Be- und Entlüftung sowie Raucherfassung im Labor der Firma ROM zahlreichen Tests unterzogen wurde, bei denen unterschiedliche Auslaßtypen und Anordnungen untersucht und optimiert wurden. Das letztendlich installierte Deckensystem besteht aus einem achsial auf die Fassade zulaufenden Technikkanal, in dem die Funktionen Belüftung (Schlitzschienen), Beleuchtung (Down Lights, Evolventenleuchte), Sprinkler, Rauchmelder und Lautsprecher untergebracht sind, sowie beidseitig vom Technikkanal angebrachten perforierten Deckenteilen, über denen die konvektiven Kühldecken mit einer maximalen Leistung von 125 W/m^2 (16/18°C) angeordnet wurden.

Die Versorgung der Kühldeckenelemente erfolgt aus einem Ringsystem im Flur für die maximale gleichzeitige Kühlleistung je Geschoß von 25 KW. Die Steigleitungen im Schacht wurden für eine maximale Gleichzeitigkeit von 0,8 dimensioniert. Auf Grund des Erschließungssystems wurde zur Reduzierung der Schachtflächen die RLT-Zentrale zur Versorgung der Bürobereiche und Innenzonen vom 1. OG bis zum 27. OG im 17. und 18. OG angeordnet. Die erforderliche Gesamtluftmenge wurde auf zwei parallel arbeitende Ventilatoren mit einer Leistung von je 60.830 m^3/h Zuluft aufgeteilt, die über eine Drehzahlregelung die variablen Volumenströme sowie die Druckunterschiede der Ansaug- und Fortluftöffnungen ausregeln. Entsprechend dem Nutzungsprofil sowie zur Sicherstellung der geforderten Garantiewerte wurden Zonierungen für einzelne Bereiche vorgesehen.

Die Normalgeschosse sind jeweils mit Volumenkonstanthaltern und Zonennacherhitzer für die SW- und NO-Fassade ausgerüstet. Für die Geschosse 1. – 3. OG, in denen Sonderbereiche untergebracht sind, die unterschiedliche Nutzungszeiten aufweisen, ist eine Einzelraumregelung über Nacherhitzer vorgesehen.

Die Vorstandsbereiche der Geschosse 23. – 26. OG sind mit einer Klimaanlage ausgerüstet, die über

RLT-Zentrale im 3. UG zur Versorgung der Sonderflächen in den Untergeschossen. Zentrale Zu- und Abluftaufbereitungsgeräte in Kammerbauweise für Küche, Konferenzräume etc. mit Medienversorgung.

Nutzungsstrategie einzelner Funktionsbereiche

	vernünftige Nutzung (Beachtung der Anzeige)	unvernünftige Nutzung (Ignorieren der Anzeige)
Büroräume Lufttemperaturen Winter Lufttemperaturen Sommer allgemeiner Zustand	> 22°C < 27°C · zugfreie Raumluft (w ≤ 0,3 m/s) · kein Kondensat an Kühlflächen · akzeptable Öffnungskräfte an Innentüren (≤4 kg) · ausgewogene Bilanz von Heiz- u. Kühlenergie	evtl. < 10°C evtl. > 32°C · Zugerscheinungen (w bis 1 m/s) · kein Kondensat an Kühlflächen · Innentüren schwer zu öffnen (über 10 kg) · erhöhter Energieverbrauch für Heizen u. Kühlen
Flure allgemeiner Zustand	· zugfrei (w ≤ 0,6 m/s) · Innentüren öffenbar (≤10 kg)	· Zugerscheinungen · Innentüren zeitweise schwer öffenbar (über 10 kg)
Eingangsbereich Lufttemperaturen Winter Lufttemperaturen Sommer allgemeiner Zustand	> 20°C < 27°C · zugfrei (w ≤ 0,6 m/s)	evtl. < 8°C evtl. > 32°C · Zugerscheinungen

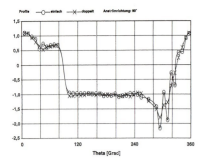

Der Druckverlauf um das Gesamtgebäude zeigt je nach Windgeschwindigkeit und Windrichtung ausgeprägte Luv+Lee-Bereiche mit starken Sogspitzen.

Die einzelnen RLT-Zentralen und Gebäudebereiche sind als druckmäßig gestaffelte Unterstationen der Kälte-/Wärmeversorgung zugeordnet.

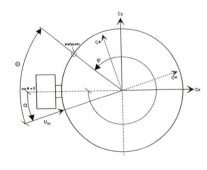

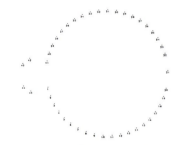

Zur Durchführung der Messungen im Windkanal wurden gemeinsame Meßpunkte um das Gebäude definiert.

Einzelraumregelung verfügt und mit einem erhöhten Luftwechsel ausgerüstet ist. Die Raumbereiche sind einzeln abschaltbar ausgeführt, um der unterschiedlichen Nutzungsfrequenz Rechnung zu tragen.

Auf Grund der im Windkanal gemessenen Ergebnisse ergibt sich am Turm eine Winddruckverteilung zwischen Luv- und Leeseite von cp = 1,0 bis - 2,0, so daß der Anordnung und Dimensionierung der Außenluft- und Fortluftöffnungen besondere Aufmerksamkeit gewidmet werden mußte. Um einerseits die Auswirkungen auf die Zu- und Abluftströme der Anlage gering zu halten, andererseits auch dafür Sorge zu tragen, daß auch bei hohen Windgeschwindigkeiten die Fortluft von der Fassade weggeführt wird, um bei tiefen Außentemperaturen Eisbildung an der Doppelfassade zu verhindern, wurde eine Ausblasung über Einzelstrahlen gewählt, die halbkreisförmig um den Turm angeordnet sind. Das Druckprofil zeigt auf Grund der Gebäudeform eine schnelle Abnahme des maximalen Druckes auf der Luvseite, so daß der für die Erzeugung der Ausblasgeschwindigkeit von 5m/s bei Windangriff notwendige Anlagendruck erheblich reduziert werden kann, wenn eine richtungsvariable Anordnung der Ausblasöffnungen vorgesehen wird.

Da die Austrittsgeschwindigkeit bei gleichmäßigem Ausströmen aus allen Düsen bei Windstille ca. 5 m/s beträgt, sind die Geschwindigkeiten bei Windeinfluß auf Grund der sich dann unterscheidenden Einzelvolumenströme zwangsläufig an einigen Stellen kleiner (bis zu Rückströmung) und an anderen größer als 5 m/s. Aus diesem Grund wird abhängig von den Geschwindigkeiten in den Düsen wechselweise ein Teil der Fortluftdüsen über motorgetriebene Klappen geschlossen.

Der unter den vorliegenden Bedingungen auf das Gebäude wirkende Winddruck reicht von ca. +600 Pa in der Druckzone bis zu -1.100 Pa im Sogbereich. Die Windanströmung gegen die Ausblasdüsen ist bezüglich der Auswirkungen auf die Ventilatoren erwartungsgemäß am größten. Der für das Ausblasen der Luft notwendige Druck in der Fortluftkammer beträgt in diesem Fall +731 Pa, der Unterdruck in der Ansaugkammer jedoch -552 Pa. Insgesamt ergibt sich eine deutlich höhere Druckdifferenz zwischen den Kammern von ca. 1.380 Pa bei diesen ungünstigen Verhältnissen.

Zur Ausgleichung dieser unterschiedlichen Szenarien wurden jeweils ringförmige Ansaug- und Fortluftkammern vorgesehen, an die frequenzgeregelte Ventilatoren angeschlossen sind, die in Verbindung mit den Fortluftklappen einen störungsfreien Betrieb sichern.

Eine weitere Problematik stellte die Beeinflussung der geschoßweisen Zu- und Abluftströme in der RLT-Anlage dar, bei teilweise geöffneter Fassade und ausgeprägter Luv/Leesituation. Die angestellten aerodynamischen Simulationen ergaben, daß sowohl über die Geschosse wie auch innerhalb eines Geschosses die Gefahr der Beeinflussung gegeben ist, die bis zu einer Umkehr der Strömungsrichtung im Zuluftkanal führen kann. Zur Reduzierung dieser speziell bei einem natürlich gelüfteten Hochhaus auftretenden Beeinflussung wurden geschoßweise Volumenkonstantregler und Festwiderstände in den Auslässen vorgesehen.

Zur lufttechnischen Versorgung der unterschiedlichen Nutzungsbereiche sind weitere Versorgungsanlagen in den Zentralen im 3. UG für Küche mit Nebenräumen, Restaurant, Konferenzräume, Eingangsfoyer, Technik und Lagerräume sowie im DG des Hochhausturmes Sonderfunktionen wie Treppenhausdrucklüftung und Entrauchung untergebracht. Die Sicherstellung der Außenluft und Fortluft erfolgt über einen Bodenkanal mit Ansaug- und Fortluftbauwerk in der Außenanlage. Zur Ausregelung der unterschiedlichen Luftmengen der ca. 10 RLT-Anlagen sowie der Kühlluft der Rückkühlwerke wurden Schublüfter mit verstellbaren Laufschaufeln eingesetzt, die einen konstanten Druck sowohl im Außenluft- wie auch im Fortluftkanal sicherstellen.

Für den Aufsichtsratssaal im 27. OG sowie für den Foyerbereich wurden besondere Arten der Luftführung eingesetzt, die der speziellen Raumausstattung sowie der Nutzungsstruktur Rechnung tragen. Der Aufsichtsratssaal bildet mit seiner transparenten Dachstruktur den Gebäudeabschluß nach oben, der sowohl die sich verändernden Außenzustände erlebbar machen soll, darüber hinaus auch zur Tageslichtnutzung beitragen soll. Eine Luftführung aus der Decke war somit nicht möglich, so daß hier ein System mit Ausblasung über einen perforierten Doppelboden durch den Teppich installiert wurde. Zur Optimierung der Teppichqualität in Hinsicht auf den erforderli-

Links: Ausbildung und Anordnung der Ansaug- und Fortluftdüsen in der Doppelfassade der Technikzentrale 17. und 18. OG zur Versorgung der Bürogeschosse. Die Luftmenge beträgt ca. 120.000 m³/h.

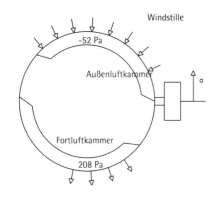
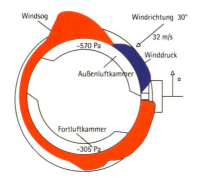

Links: Druckdifferenz zur Umgebung in der Zu- und Fortluftkammer (Nennvolumenstrom, Windstille, Hälfte der Fortluftdüsen verschlossen)
Rechts: Druckdifferenz zur Umgebung in der Zu- und Fortluftkammer (Nennvolumenstrom, 32 m/s Windgeschwindigkeit, Hälfte der Fortluftdüsen verschlossen)

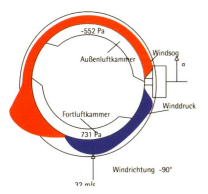
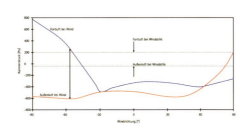

Druckdifferenz in der Außen- und Fortluftkammer für den Nennvolumenstrom bei Wind (32 m/s Windgeschwindigkeit) und Windstille, abhängig von der Windrichtung

chen Luftdurchtritt wurden unterschiedliche Strömungsuntersuchungen mit verschiedenen Teppichqualitäten im Labor der Firma ROM durchgeführt. Um unangenehmer Strahlung der transparenten Dachflächen im Sommer und im Winter vorzubeugen, wurde hier ein wasserführendes Profilheiz- und Kühlsystem eingesetzt, das zur Unterstützung der Wärme- und Kälteversorgung beiträgt.

Für die Eingangshalle mit ihren großen transparenten Fassadenflächen und der offenen Verbindung zu den Untergeschossen standen sowohl Entrauchungsmaßnahmen wie auch thermische Abschirmungsmaßnahmen bei der Systemwahl im Vordergrund. Eingesetzt wurde ein Zuluftsystem, das über luftführende Fassadenprofile die thermische Abschirmung im Sommer wie im Winter übernimmt, und eine Abluftabsaugung an den Kernen, die gleichzeitig mit den vorhandenen Fassadenöffnungen im UG die Entrauchung der UG und der Eingangshalle sicherstellt.

Zur Rauchfreihaltung der Treppenräume im Brandfall steht eine Drucklüftung für jedes Treppenhaus mit zugehörigem Vorraum zur Verfügung. Im Normalbetrieb wird ein einfacher Luftwechsel durch Einblasen von Zuluft und Überströmung in die Geschosse sichergestellt. Im Brandfall erfolgt auf Anforderung der Brandmeldezentrale eine Erhöhung der Luftmenge auf 25.000 m³/h. Der bauaufsichtlich geforderte maximale Differenzdruck in der Schleuse von 50 Pa wird durch eine Überdruckjalousie in der Decke des Treppenraumes sichergestellt.

Da auf Grund der zu erwartenden thermischen Auftriebskräfte im Gebäude die Gefahr bestand, daß die mechanische Überdruckklappe im Winter kontinuierlich offen steht und durch die Schachtkopfentrauchung ein erhöhter Lufteintrag im EG entsteht, wurde in Abstimmung mit dem Brandschutzgutachter und der Bauaufsicht die Schachtkopfentrauchung mit rauchmeldergesteuerten Klappen und die Überdruckjalousie mit einer Lichtkuppel versehen, die im Brandfall geöffnet wird.

Kälteversorgung

Für die Erzeugung des Kaltwasserbedarfes stehen im 3. UG drei Kältemaschinen mit einer Leistung von jeweils 700 kW zur Verfügung. Als Kältemittel wird R 134 a verwendet. Die entstehende Kondensatorwärme von jeweils 891 kW wird über Verdunstungsverflüssiger direkt abgeführt. Im Sommerbetrieb wird der Kondensator mit Besprühung betrieben, welche im Winter zur Vermeidung von Schwadenbildung und Frostgefahr abgeschaltet wird. Der Lamellenkühler wird prinzipiell trocken betrieben und dient hauptsächlich zur Leistungssteigerung im Winterbetrieb. Die Außenluftversorgung sowie die Fortluftversorgung der Verdunstungsverflüssiger werden über den Bodenkanal zu- und abgeführt. Das Erzeugernetz ist durch einen Bypaß mit zwei Pufferspeichern vom Verbrauchernetz getrennt. Dadurch ist es möglich, die Kältemaschinen mit einem konstanten Volumenstrom zu betreiben, während das Verbrauchernetz in Abhängigkeit der benötigten Kälteleistung mengenvariabel betrieben wird. Die Zu- und Abschaltung der Kältemaschinen erfolgt leistungsabhängig über einen im Hauptrücklauf des Verbrauchernetzes befindlichen Wärmemengenzähler.

Über die Zentralen im 3. UG sowie im 18. OG erfolgt die Hauptversorgung der Kaltwasserverbraucher mit druckgeregelten, redundanten Versorgungspumpen. Die nachgeschalteten Anlagen gliedern sich in drei Druckzonen für die Versorgung der RLT-Anlagen, Umluftkühlgeräte und Kühldecken. Installiert wurden Konvektionskühldeckenelemente mit einer Fläche von rund 4.000 m² bei circa 580 kW Leistung.

Die Systemtrennung zum Kaltwassernetz erfolgt jeweils über einen Plattenwärmetauscher. Jedes Kühlwassernetz verfügt über eine drehzahlgeregelte Doppelpumpe (Haupt/Reserve).

Licht
Clemens Tropp und Ulrich Werning

In den Nachtaufnahmen zeigt sich am deutlichsten die homogene und kontinuierliche Beleuchtung des zylindrischen Baukörpers mit der Hervorhebung der Sonderbereiche Gebäudeabschluß, Eingangshalle, Vordach und Gartengeschoß.

Licht spielt eine fundamentale Rolle für die Wahrnehmung von Architektur. Dennoch kann man den Charakter und den modellierenden Zauber des Lichts sehr unterschiedlich bewußt handhaben. Da die neue RWE-Konzernzentrale mit ihrer Höhe von 162 Metern weit über ihre städtebauliche Umgebung hin sichtbar ist, besitzt die Architektur schon in ihrer äußeren Darstellung eine besondere Verantwortung für das Stadtbild, also auch für den Umgang mit Licht. Die transparente Hülle, deren erste Funktion es natürlich ist, den ungehinderten Ausblick und die maximale Ausschöpfung von Tageslicht im Inneren zu ermöglichen, stellt sich gleichzeitig als mächtiger Vermittler des Gebäudes zu seiner atmosphärischen Umwelt dar. Die wechselnden Lichtverhältnisse spiegeln sich auf dem gerundeten Glas und verwandeln das Hochhaus chamäleonhaft. Die Reflexion der Glashaut führt zu einer permanenten Verkleidung mit Lichtstimmungen. Vom warmen Bernsteinton bis zur farblosen Eisigkeit wechselt die RWE-Zentrale ihre atmosphärische Garderobe.

Nachts, wenn die reflektierende Geschlossenheit sich im Dunkeln auflöst, tritt das Innenleben des Riesen scharf hervor. Wie auf 27 Präsentiertellern übereinander stapelt sich das Büroleben für den äußeren Betrachter und erzeugt mit dieser Offenheit wiederum eine eigene Lichtwelt. Die Beleuchtung der Arbeitsplätze führt zur beeindruckenden Illumination des Gebäudes.

Diese wird durch ein Lichtkonzept verstärkt, das die prägnanten Merkmale der Architektur und Gartenarchitektur hervorhebt, auf eine vollständige Anstrahlung des Gebäudes aber verzichtet. Eines der hervorstechenden Merkmale, der obere Gebäudeabschluß, sorgt mit seiner unverwechselbaren Struktur für die fernwirkende Persönlichkeit des Gebäudes und wird deswegen auch nachts dramatisch in Szene gesetzt. Der aufgesetzte Pin ist bis an seine Spitze gleichmäßig ausgeleuchtet und hebt sich wie eine glühende Nadel vor dem dunklen Himmel ab. Die darunterliegende, kreisrunde Plattform mit ihrer einprägsamen Lamellenstruktur weckt durch die gleichmäßige Anstrahlung von unten schon von weitem die

Neugier auf dieses geheimnisvoll erscheinende, technische Objekt. Pin und Plattform werden mit Scheinwerfern mit Halogenmetalldampflampen angestrahlt. Reflektorgeometrie und Vorsatzoptiken wurden auf diesen besondern Einsatz hin optimiert.

Das Gebäude selbst stellt sich bei Nacht in seiner Beleuchtung homogen dar. Diese Homogenität und Kontinuität vermitteln einen Eindruck der Ruhe und Ordnung. Um diese Homogenität zu erreichen, mußten im gesamten Gebäude ähnliche Lichtfarben und Beleuchtungsprinzipien verwendet werden. Die einzelnen Funktionsbereiche wie Casino, Eingangshalle, Büros, Aufsichtsratssaal und Gebäudeabschluß bleiben bei Dunkelheit durch die räumliche Situation trotzdem ablesbar.

Nähert man sich dem Gebäude von der Eingangsseite, wird das 25 Meter hohe Vordach – das eine Verbindung zu den angrenzenden Gebäuden schafft – sichtbar. Dieses Loggiadach wird von unten aus dem Wasserbecken heraus angestrahlt, so daß sich die Bewegung der Wellen auf der Unterseite des Daches, aber auch auf der vorderen Glasfassade des Hochhauses abbilden. Im Dach selbst sind engstrahlende, gut ausgeblendete Scheinwerfer eingebaut, welche die darunterliegende Verkehrsfläche gleichmäßig und ohne übertriebene Akzente ausleuchten. Im Wasserbecken setzen Wassersprudler Lichtakzente.

Hinter dem Gebäude eröffnet sich der Blick auf den See, der wie ein natürliches Gewässer unbeleuchtet bleibt. Die Terrasse entlang des Casinos befindet sich ungefähr auf der gleichen Höhe wie der See. Der Abschluß der Terrasse erfolgt durch eine unterleuchtete Bank, die der geschwungenen Form der Terrasse folgt. Die deutlich sichtbare Grenze zwischen Terrasse und See spiegelt sich bei Nacht im Wasser. Die Freiflächen selbst sind sehr zurückhaltend beleuchtet. Es werden lediglich einzelne Baumgruppen von unten angestrahlt. Der Park behält dadurch seine Großzügigkeit und Natürlichkeit.

Betritt man die Eingangshalle, wird die Transparenz der Halle sofort erlebbar. Diese Transparenz unterstützt die direkte Beleuchtung des Bodens mit Downlights, die die störenden Reflexe auf der Verglasung auf ein Minimum reduziert. Bereits in der Eingangshalle treten die radial verlaufenden Technikstreifen der darüberliegenden Bürogeschosse auf, die hier jedoch mit Downlights (HIT-70 Watt) ausgeführt sind. Hier kommen für alle Leuchten mit HIT-Bestückung Lampen mit Keramikbrennern zum Einsatz, die eine identische und konstante Lichtfarbe der einzelnen Leuchtmittel und somit die gewünschte Homogenität garantieren.

Die tragende Struktur der Sichtbetondecke von den Stützen zum Kreismittelpunkt wurde lichttechnisch herausgearbeitet. Die Hohlräume ohne statischen Kraftverlauf sind durch eine entsprechende Ausleuchtung visuell erlebbar, ohne die Leuchten in Erscheinung treten zu lassen. In diese Auswölbungen sind Deckensegel eingehängt. Aus der entstandenen Fuge heraus streift das Licht sanft über den geformten weiß gestrichenen Beton

Durch den im Fassadenbereich angeordneten Sonnen- und Blendschutz können der Tageslichteinfall und damit die Beleuchtungszeiten optimiert werden.

und macht die besondere Form sichtbar. Die Deckensegel bleiben dabei dunkel und sorgen für den erforderlichen Kontrast.

Um diesen Effekt zu erreichen, wurden oberhalb der Deckensegel in kleinen Abständen Strahler mit einem speziell geformten Reflektor montiert. Die Richtung und die Helligkeit jedes einzelnen Strahlers ist manuell eingestellt. Die Addition der einzelnen Lichtelemente, die für den Besucher im Verborgenen über den Deckensegeln bleiben, ergibt die einheitliche und harmonische Gesamtwirkung.

Die Bürobeleuchtung erfolgt sehr komfortabel durch ein Nachtmilieu und ein Tagmilieu. Die beiden Milieus können von den Nutzern individuell geschaltet werden. Bei Dunkelheit erfolgt die Beleuchtung über Downlights mit einer warmweißen Lichtfarbe. Um die bei vertikaler Einsicht in die Downlights mögliche Direktblendung weiter zu minimieren, sind unterhalb der Leuchtmittel speziell entwickelte Diffusoren montiert. Ebenfalls speziell entwickelte Reflektoren halten die Direktblendung minimal.

Zur Tageslichtergänzung kommen Evolventenleuchten mit einer neutralweißen Lichtfarbe zum Einsatz. Die Evolventtechnik sorgt dafür, daß die Reflexblendung auf ein Minimum reduziert wird. Alle Lichtsysteme sind flächenbündig in einen Technikstreifen integriert, in dem zum Beispiel auch Sprinkler, Rauchmelder und Lautsprecher Platz finden.

Der Aufsichtsratssaal in der obersten Etage erhält seine komfortable Beleuchtung mittels Einbaudownlights mit Halogenglühlampen. Durch die im Zentrum liegende, verglaste Deckenöffnung ist der Blick nach oben, auf die beleuchtete Plattform des Gebäudeabschlusses möglich.

Im Casino werden engstrahlende Halogeneinbaudownlights, die sehr gut ausgeblendet sind, eingesetzt. Die Halogenglühlampen sorgen für ein brillantes Licht mit sehr guter Farbwiedergabe, das speziell im Speisebereich das erforderliche Lichtmilieu schafft.

Die Brillanz der Beleuchtung unterstreicht die plastische Wirkung der Erdgeschoßdecke.

Modelle
Till Briegleb,
Christoph Ingenhoven
und Klaus Frankenheim

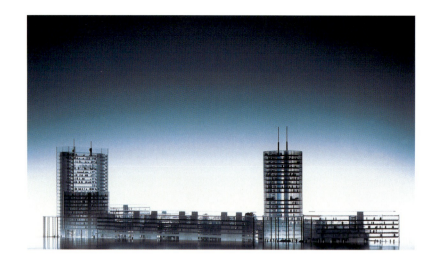

Oben: Modell Wettbewerb Commerzbank AG, Frankfurt, M. (6/91)
Links: Modell Wettbewerb RWE AG, Essen (6/91)

Will man etwas Exemplarisches schaffen, dann wird der Versuch zur Königsdisziplin. Jeder Schritt ins Neuland löst neue Komplexitäten und neu zu bestimmende Verhältnisse aus. Gerade in der Architektur, bei der das Gewebe aus künstlerischen, praktischen, wissenschaftlichen und technischen Aspekten selbst bei einem sehr klaren Ziel zur Verwirrung der Möglichkeiten führen kann, lösen falsche Entscheidungen leicht fatale Kettenreaktionen aus. Um diese Schwierigkeit in den Griff zu bekommen, braucht es die permanente Selbstversicherung und Überprüfung an möglichst realitätsnahen Modellen. Die Experimente an Miniatur- und Teilwirklichkeiten, wie Modelle in den unterschiedlichsten Maßstäben sie gewähren, standen deshalb auch im Zentrum des Planungsprozesses für die RWE.

Daß der Versuch, einen neuen Typ von Hochhausarchitektur zu erfinden, für den es bis dato kein wirkliches Vorbild gab, seine Entwicklung ganz zeituntypisch nicht an Computer-, sondern an dreidimensionalen Modellen nahm, scheint nur auf den ersten Blick kurios. Die Vorstellungskraft des Menschen sympathisiert eben doch – trotz des neuen virtuellen Alltags – vorerst noch mehr mit der haptischen Welt. Obwohl diese Form der Planung – die Vergewisserung am gebauten Modell – zu gehörigem Mehraufwand führt, erlaubt erst sie die seriöse Annäherung an eine in allen Aspekten gelungene Lösung.

Entwickelt hat sich die Planung für Essen 1991 eigentlich aus zwei parallelen Wettbewerben: dem siegreichen städtebaulichen Wettbewerb für das Gelände der RWE/Ruhrkohle AG in Essen und dem Wettbewerb für das Hochhaus der Commerzbank AG in Frankfurt, bei dem Christoph Ingenhoven gegen Lord Norman Foster nur den zweiten Platz erringen konnte. Die beiden Wettbewerbe, die im Büro nebeneinander bearbeitet wurden, boten im weiteren Verlauf der Planung ideale Voraussetzungen für eine Kombination, denn der überzeugende Entwurf für das Essener Gelände sah zwei Hochhausstandorte vor, für die aber keine detaillierte Entwurfsplanung verlangt war.

Das Modell im Maßstab 1:200 (Herbst 1993) zeigt noch den Hubschrauberlandeplatz auf dem Gebäudeabschluß (oben) und erste Überlegungen zur Neugestaltung des Opernplatzes zwischen RWE und Aalto-Theater.

Anhand des beleuchtbaren 1:200 Modells konnte schon in dieser Phase die Außenwirkung des Gebäudes bei Nacht studiert werden.

Die Sonderbereiche im Basement, in der Eingangshalle und auf dem Vorplatz wurden so detailiert beleuchtet, daß sie der beabsichtigten Hervorhebung im ausgeführten Zustand nahekamen.

Nachdem Christoph Ingenhoven den Zuschlag für den Bau der neuen Konzernzentrale der RWE AG erhalten hatte, konnten die Erfahrungen des Frankfurter Entwurfs – an dem auch Frei Otto mitgewirkt hatte – produktiv genutzt werden. Das war möglich, obwohl die Bauaufgabe in Essen wesentlich kleiner dimensioniert war als die des Commerzbank-Hochhauses. Dennoch mußten verschiedene Komplexe – etwa die energetisch optimale Grundfigur einer kreisrunden Säule oder die doppelschalige Glasfassade – nicht völlig neu konzipiert werden. Die abzuarbeitende Mängelliste von Hochhäusern – keine zu öffnenden Fenster, Schwierigkeiten mit Raumklima und Sonnenschutz, dunkle Innenzonen, schlechte interne Kommunikation, hoher Energieverbrauch –, die bereits beim Commerzbank-Entwurf Grundlage der Planung waren, konnte für die RWE jetzt bis ins kleinste Detail analysiert und egalisiert werden.

Nachdem im Verlauf des Jahres 1992 der Bebauungsplan sowie die Vorplanung mit Gebäude-, Fassaden-, Tragwerks- und Technikkonzept abgeschlossen werden konnten, begann mit dem Jahr 1993 die Phase der intensiven Modellstudien. Zuerst wurde ein Modell im Maßstab 1:200 gebaut, welches die Möglichkeit gab, die städtebauliche Konzeption und die Komposition von Gebäuden mit Freiflächen zu überprüfen.

Aerodynamische Makro- und Mikrountersuchungen am Aachener Institut für Industrie Aerodynamik (IFI) gaben Auskunft über mikro- und makro-aerophysikalische Auswirkungen durch die Bebauung. So wurden damals die Anordnung und Größe des Vordachs sowie die Positionierung der Aufenthaltsbereiche auf den Terrassen festgelegt. Doch nach der endgültigen Entscheidung über das konkrete Aussehen des Gebäudes am 22. November 1993, bei der ein gegenüber der Genehmigungsplanung in einigen Punkten geändertes Programm von der RWE beschlossen wurde, begann die eigentliche, vielfältige Entwicklung des Hochhauskonzeptes an Modellen vom Maßstab 1:200 bis 1:1. Die Entscheidung für diesen intensiven Einsatz von Modellen in der Ausführungsplanung – der das Zeichnen von nahezu 6.000 Plänen aber keineswegs überflüssig machte – läßt sich dadurch erklären, daß Modelle Detailprobleme aufzeigen und zu Lösungen zwingen, die dann allerdings erneut am Modell vor der Ausführung studiert werden müssen.

Bevor die einzelnen Modellteile und Komponenten zusammengebaut wurden, fand jeweils eine abschließende Besprechung und Freigabe bei Amalgam Modelmakers in Bristol statt.

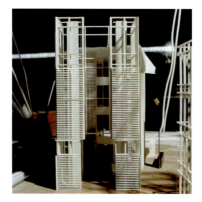

Anhand von Teilmodellen wurden die Farben, Materialien und Oberflächen des endgültigen Modells freigegeben.

Links: Der obere Gebäudeabschluß im "Rohbau" vor der Montage der Fassaden.

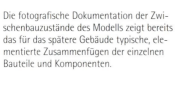

Die fotografische Dokumentation der Zwischenbauzustände des Modells zeigt bereits das für das spätere Gebäude typische, elementierte Zusammenfügen der einzelnen Bauteile und Komponenten.

Die beiden Aufnahmen rechts zeigen Details der Beleuchtung der 1:50 Modelle. Zum einen sind die Glasfaserschnüre zu sehen, durch die das Licht von der zentralen Lichteinstrahlung bis zu den Lichtauslässen geführt wurde. Um diese Elektrizifierung des Gesamtmodells überhaupt installierbar zu halten, wurden die Schnüre zu den Auslässen in den Deckenspiegeln (ganz rechts) mit gelöteten Anschlüssen an die zentralen "Steigleitungen" in den Schächten angeschlossen.

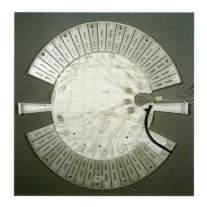

Neben diversen Detailmodellen, die im Büro Ingenhoven Overdiek und Partner selbst angefertigt wurden, entwickelte sich die Planung hauptsächlich in der Auseinandersetzung mit zwei Großmodellen: dem bei der Fassadenbaufirma Gartner entwickelten 1:1 Modell der Fassade und den 1:50 Modellen, die Ingenhoven Overdiek und Partner in Bristol bei den Modellbauern Amalgam bauen ließen.

Von Herbst 1994 bis Mitte 1995 feilten die Modellbauer von Amalgam an dem dreiteiligen Modell. Basis, Eingangshalle und 1. Geschoß bildeten das erste, aufklappbare Drittel, das Technikgeschoß mit jeweils einer Etage darüber und darunter das zweite und der Gebäudeabschluß mit Vorstandsetage, Dach und Aufbauten das dritte. Mit einer unglaublichen Detailversessenheit – 2.500 Modellmenschen bevölkern die Miniaturen, Beleuchtungen und Mobiliar, etwa Charles Eames' Wired-Chairs, wurden exakt nachgebaut – schuf das Team um Sandy Copeman eine Vorlage, an der Christoph Ingenhoven und sein Team die Ausführungsplanung entwickeln und prüfen konnten.

Da diese Vorgehensweise eigentlich eine genaue Planung verlangt, das Düsseldorfer Büro aber während der Modellbauarbeiten erst bestimmte Designentscheidungen fällen konnte, entstanden neben persönlichen Reibungen auch deutlich gesteigerte Kosten. Die "exzentrischen Modellbauer" (Christoph Ingenhoven) machten ihrem Frust über zu spät entdeckte Korrekturen mit humorvollen Faxen Luft, verlangten aber im Verlauf der Planung auch eine deutliche Erhöhung des Etats, damit dieser Auftrag "Amalgam" nicht in den Konkurs triebe. Das Architekturbüro zahlte die Differenz schließlich aus eigener Tasche, weil die Vorteile des genauen Modells für die Entwicklung von zu großer Bedeutung war. Die so erzielte Perfektion des Modells verursachte zudem einen regen Flugverkehr zwischen Düsseldorf und Bristol.

Dazu trugen sicherlich auch die diversen genauen Detailmodelle im Maßstab 1:20, 1:16 und 1:33 bei, mit der besondere Situationen wie Treppenhäuser, Eingangshalle etc. überprüft wurden. Die ungeheure Präzision in der Detailplanung und das geschlossene, edle Erscheinungsbild des fertigen Gebäudes wären ohne diese im Zeitalter des CAD fast antiquiert wirkende Arbeitsweise sicherlich nicht so überzeugend gelungen.

Überraschenderweise stellten sich später im Rahmen der Fertigstellung des Gebäudes in Teilbereichen déjà-vue-Erlebnisse ein, die daher rührten, daß man diese gebaute Wirklichkeit im Modell bereits schon einmal gesehen hatte.

Ansicht des Eingangsbereichs im Modell 1:50

Mittels einer Computersimulation wurden die drei Teilmodelle im Maßstab 1:50 zu einem virtuellen Gesamtmodell des Hochhauses zusammengesetzt, das im Vergleich zu dem später gebauten Gebäude bereits eine starke Wirklichkeitsnähe aufweist.

Mein Gott...., die haben die Zahl der Stockwerke erhöht, und uns nichts davon gesagt.

Das Motto des Tages: Gib' niemals auf.

Das vollkommen verrückte Amalgam Team
... nach Fertigstellung eines "ganz einfachen" Modells für IOP in Düsseldorf.
... und nach einigen winzigen Änderungen
... und immer schön fröhlich bleiben
Grüße vom gesamten RWE-Team (Es sieht schlimmer aus, als es ist!).

Das Amalgam-Team

Die Werkstatt von Amalgam in Bristol

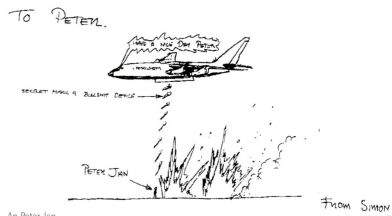
An Peter Jan
Einen schönen Tag. Peter!
von Simon

Außerirdische "Christmas Greetings" aus Bristol zu Weihnachten 1994

Hier erkennt man die ungefähre Lage der Ständer. Die Unterseite der Grundfläche ist gespickt mit elektronischen Geräten zur Beleuchtung des Modells. Man erkennt hier jedoch leicht zwei leere Flächen.
Die Anordnung der Ständer muß mit größter Sorgfalt erfolgen.

In den verschiedenen Phasen der Herstellung der Modelle wurden regelmäßig mit den Modellbauern per Telefon und Telefax Details und ihre Ausführung besprochen. Daß dies mit englischem und deutschem Humor erfolgte, zeigen die Sketche, für die zwischen technischen Zeichnungen noch Zeit war.

Entweder wir bekommen die Zeichnungen für die oberen Stockwerke in den nächsten zwei Minuten oder wir zerstören das Technikgeschoß.

Die Modelle wurden so konstruiert, daß sie aufgeklappt und somit Aufnahmen vom Innenraum genommen werden konnten. Diese Fotos zeigen, wie exakt im Modell bereits die Oberflächen und Details gebaut sind. Insbesondere die Entwicklung der Deckenspiegel und der Beleuchtung mit den Beleuchtungsplanern Ulrich Werning und Clemens Tropp wurden durch die Modelle stark beeinflußt.

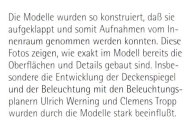

Ebenso entscheidend für das Gelingen des Projekts ist sicherlich die jahrelange Forschungsphase am Modell für die doppelschalige Glasfassade. Gemeinsam mit der Firma Gartner und deren energischem Chef Fritz Gartner, der die Legion der Einwände über die Unmöglichkeit des Fassadenkonzeptes stets mit einem trockenen "Das geht schon" zum Schweigen brachte, simulierten die Partner über eineinhalb Jahre an einem 1:1 Modell in 25 Metern Höhe die Hochhauswirklichkeit. Ein Loch wurde für das Fassadenbauteil in die Wand geschlagen, dahinter ein Zimmer eingebaut und das Ganze mit Meßtechnik belebt. So konnte relativ exakt vorausgesagt werden, ob die Schätzungen über die zukünftige Energieersparnis und die Jahreszeitspanne, in der der Winddruck ein Öffnen des Fensters erlaubt, auch zutreffen.

Die Masse von 1.000 identischen Fassadenelementen, die im fertigen Zustand schließlich verbaut wurden, rechtfertigte diesen Aufwand für den Prototyp. Aber auch für alle anderen Fassadentypen, sei es der Fahrstuhlturm oder das Hydraulik-Tor des Restaurants, wurden 1:1 Modelle gebaut und getestet – stets mit Erfolg.

Neben den großen, strukturell entscheidenden Planungsprozessen verlangte aber auch der spezielle Ehrgeiz der Architekten, alles bis ins Detail perfekt umzusetzen, eine unglaubliche planerische Mehrbelastung. "Wir haben noch bis zum Einzug und darüber hinaus geplant", beschreibt Christoph Ingenhoven die Arbeit seines Teams. Neben über 20 Sondergenehmigungen und einer Baugenehmigung, die das Bauordnungsamt der Stadt Essen in Abstimmung mit den Fachabteilungen der Ministerialverwaltung des Landes NRW nicht nach dem Buchstaben, sondern nach dem Geist der Hochhausverordnung erteilte, damit das ungewöhnliche Konzept realisiert werden konnte, beschäftigte sich das Projektteam täglich mit unvorhergesehenen Problemen in der perfekten Ausführung. Fliesenspiegel in den Sanitärzonen bedurften ebenso der genauen Überwachung und der kommunikativen Kompetenz der Architekten wie eine perfekt konstruierte Naturstein-Kaskade.

"Totale Liebe und Hingabe in der Planung und Umsetzung" bescheinigt Christoph Ingenhoven seinem Projektteam. Benutzer und Besucher der RWE erfahren täglich den Lohn dieser Mühe.

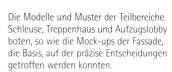

Die Modelle und Muster der Teilbereiche Schleuse, Treppenhaus und Aufzugslobby boten, so wie die Mock-ups der Fassade, die Basis, auf der präzise Entscheidungen getroffen werden konnten.

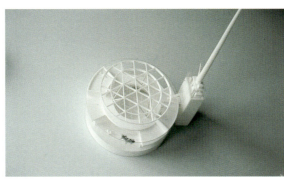

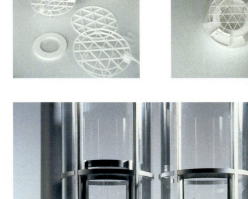

Oben: Annäherung an die Gestaltung des Gebäudeabschlusses über Arbeitsmodelle.
Links: Erstes Arbeitsmodell im Maßstab 1:20 für die Panoramaaufzüge in der Eingangshalle.

Garten
Till Briegleb,
Christoph Ingenhoven
und Klaus Klein

Spiralnebel

Die Assoziation einer Wasserhose, eines ozeanischen Wirbelsturms mitten im Ruhrgebiet, wird von der transparenten, horizontal gegliederten Glassäule des RWE-Hochhauses leicht geweckt. Die darin schlummernde Energie gewaltiger Rotationskräfte erscheint schon in der Fernwirkung spürbar und verstärkt sich mit abnehmender Distanz. Hat man das Gebäude erreicht, findet man diese Metapher in einem berückenden Bild erfüllt. Der Garten hinter dem Hochhaus nimmt die Energie des Kreisels in einer Spiralbewegung auf und führt ihn wieder zur Ruhe. Ein See, die Wege, die Mauern und die Pflanzen zeichnen die Strömung nach, die eine ausfließende Drehung verursachen würde. In welcher Richtung man dies Kraftfeld auch beobachtet, vom Haus weg hin zum Zustand der in Stille verebbenden Bewegung oder vom Ende des Gartens als aufstrebende Sogwirkung hinauf zum gläsernen Abschluß des Gebäudes, beide Perspektiven beschreiben in bestechender Logik die Verbindung eines architektonischen Konzeptes mit einem gartenarchitektonischen. Statt den Garten zum Zierat oder bunten Kragen eines demonstrativen Objektes zu degradieren, haben Christoph Ingenhoven und die Gartenarchitekten Klaus Klein und Rolf Maas aus dem Büro Weber, Klein, Maas eine Vermittlung zwischen Natur und Technik angestrebt, die den fundamentalen Kontrast der zwei Erscheinungsformen aber nicht leugnet. Auch in der extrem inszenierten Art dieses Gartens bleibt der Kontrapunkt zwischen Vegetation und Konstruktion, Wandel und Dauer, Fluß und Stabilität spürbar. Doch in der starken Korrespondenz, die diese Landschaft mit dem Gebäude verzahnt, liegt auch etwas von der Wahrheit, daß die Konstruktion der Technik das meiste von der Abstraktion der Natur gelernt hat. Die Phantasie kann diese Erbschaft hier wieder erlebbar machen.

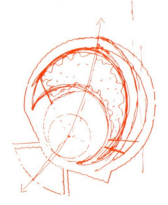

Die Skizze von Christoph Ingenhoven zeigt die Verbindung in den Park über Vorplatz - Eingangshalle - Terrasse.

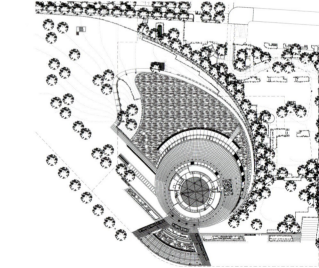

M (1 : 2.200)

Schon im ersten siegreichen städtebaulichen Konzept für den Wettbewerb, damals noch ausgeschrieben für das gesamte Areal der Stern-Brauerei, war der Gedanke eines Gartens vorhanden, der seine Bedeutung für das Gesamtkonzept seitdem nie eingebüßt hat. Der Entwurf von Christoph Ingenhoven sah als einziger vor, die Zentralen der Konzerne RWE und Ruhrkohle in Hochhäusern unterzubringen, um so den Kern des Grundstückes von der Bebauung freizuhalten. Die Sogwirkung von Geschoßfläche in die Vertikale, die der gläserne Turm jetzt verbildlicht, beschreibt also schon den Erfindungsmoment.

Folglich sah die ursprüngliche Idee den Entwurf eines Gartenprojektes für das gesamte Areal vor, der durch die Aufteilung des Grundstückes im Verlauf der weiteren Entwicklung aber obsolet wurde. Gleiches gilt für die ursprüngliche städtebauliche Planung, mit der Christoph Ingenhoven den Wettbewerb gewann. Auch sie konnte nur bruchstückhaft realisiert werden, weil die beiden Bauherren RWE und Ruhrkohle AG unterschiedliche Interessen verfolgten. Für die Grünflächenplanung der anrainenden Wohnbebauung blieb dem Büro schließlich nur eine einflußarme Beraterfunktion. Den Garten der RWE-Holding konnte das Büro mit den Gartenarchitekten hingegen bis zur Vollendung gestalten.

Verschiedene Konzeptionsebenen verbinden sich in diesem Garten zur homogenen Einheit: das grafische Konzept der Kraftspirale, ein Farbkonzept, das bürointern den Titel "alpin" trägt und sich auch bei der Gestaltung des Interieurs fortsetzt, ein atmosphärisches Konzept, das Anleihen bei japanischer Gartenarchitektur macht und den Begriff der Kontemplation in den Mittelpunkt stellt, sowie die Bewußtheit von Kontrasten.

Ansicht des Areals der Sternbrauerei vor dem Abriß

Fundstelle des Natursteins Verde Spluga in den Alpen in der Nähe der schweizerisch-italienischen Grenze am Splügenpaß

Assoziationsfoto aus dem Tempelbezirk in Kyoto, Japan

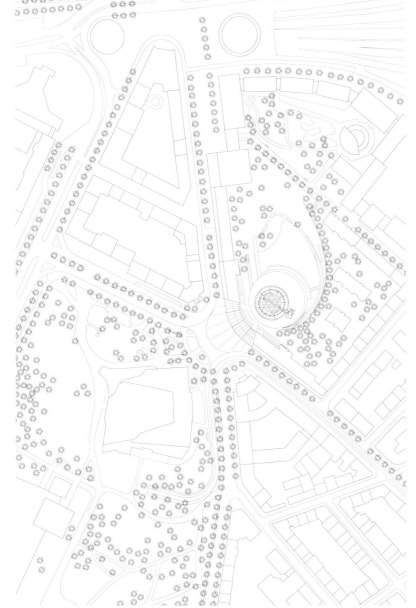

Der Lageplan (M 1 : 3.500) zeigt, wie der Parkbereich des DLZ Stern in die bestehenden Grünverbindungen der Stadt Essen eingebunden ist.

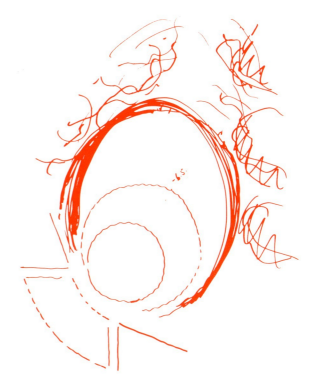

Ansicht der Außenanlagen mit blühenden Rhododendren (Cunningham's white)

Das grafische Konzept, dessen Bildlichkeit ja schon beschrieben wurde, materialisiert sich in fünf Komponenten: einem Weg, der auf der kreisrunden Plattform der Eingangsebene rechts beginnt und sich in sanfter Krümmung hinab in den Garten wendet; einer begleitenden Mauer, die das Grundstück gegen die benachbarte Wohnbebauung abschirmt und den Höhenunterschied von fast sechs Metern zwischen Eingangsebene und Garten versinnbildlicht; der krönenden Bepflanzung dieser Mauer mit Spitzahorn, Rhododendren und Felsenbirnen; der eleganten Krümmung des Sees, der links vom Weg gelegen das Zentrum des Parkes bildet, und für dessen Gestaltung 17 verschiedene Radien kombiniert werden mußten; schließlich in der mit Bäumen bepflanzten Grünflächen am Ende des Grundstückes, die den sanften Ausgang der Bewegung in der Breite beschreibt.

Das "alpine" Farbkonzept, das Christoph Ingenhoven auch mit "reduzierter Photosynthese" übersetzt, bestimmte die Auswahl der Gewächse und Materialien. Kein kunterbuntes Blümchenmuster sollte die Eleganz des Turmes verkitschen. Reduktion und Klarheit zur Unterstützung der Gebäudedarstellung waren gefragt, und dazu eignete sich die zurückhaltende Farbigkeit der Bergwelt weit besser als die auftrumpfende Scheckigkeit eines holländischen Tulpenfeldes. Die bewußte Konzentration auf die Farben Grün und Weiß im blühenden Zustand sowie der Farbzauber eines Indian Summers im Herbst bildeten die Eckpfeiler der Suche. Ausgewählt wurden dafür schließlich Rhododendron, Felsenbirne, Seerosen und Azaleen, die alle weiß blühen, und als dezente Variation ein Spitzahorn, dessen Blüten zartgelb aufgehen. Eine Allee mit Sumpfeichen an der Gartenkante sowie der Ahorn und die Felsenbirne sorgen mit ihrer breiten Palette zwischen roter, oranger und gelber Färbung für die Vergoldung des Herbstes.

Weitere Gehölze wurden verwendet, um das Konzept der Kontraste zu verstärken. Hell und Dunkel, laubabwerfende und immergrüne Pflanzen, hohe und niedrige Flora erzeugen eine souveräne Balance, die ohne diesen Dialog nur schwerlich zu erzeugen gewesen wäre. Neben Rhododendren sorgen heckenähnliche Kirschlorbeeranpflanzungen unterhalb der Mauer für die dunklen, immergrünen Töne und die variable Höhenentwicklung. Rhododendren und Felsenbirnen folgen mit der Spitzahornreihe der Mauerkante, und sorgen dafür, daß auch im Winter, wenn die grüne Ahornmauer zum Nachbargrundstück ihre Dichte verliert, der grafische Sinn dieser Reihe nicht verloren geht.

Auch das Grün der Wiese spielt natürlich seine Rolle im Konzert der Farbtöne, hat darüber hinaus aber auch noch die Funktion, die kontemplative Weite zu suggerieren, die durch den Zuschnitt des Grundstückes eigentlich nicht wirklich gegeben ist. Von keinerlei Beeten gestört, schafft diese Verlängerung der Seefläche aus der Perspektive der Terrasse und der Kantine jene reduzierte Beschaulichkeit, die an japanische Tempelanlagen erinnert.

Die 120 Meter lange Zyklopenmauer ist aus dem Ruhrsandstein geschichtet, der beim Aushub der Baugrube entfernt werden mußte, und schafft so einen geologischen Anschnitt des Ortes, der die Gewalt des Eingriffs

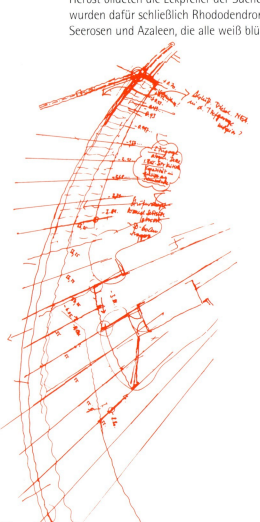

Die Skizzen von Christoph Ingenhoven zeigen den engen geometrischen Zusammenhang zwischen Basementfassade, Kaskade und Rundweg.

Neben dem Aluminium und Glas sowie dem in geschliffener Oberfläche bereits im Gebäude verwendeten Naturstein Verde Spluga wurde der auf der Baustelle gefundene Ruhrsandstein am Seerand als Geröll und in der Felsmauer als Bruchsteinmauer eingesetzt.

Obere Reihe: Rhododendron "Cunningham's White" (Azalea "Palestrina"), Weiße Seerose (Nymphaea Albida), Azalee weiß (Azalea "Mount Everest"), Kornelkirsche (Cornus Mas)
Untere Reihe: Kornelkirsche (Cornus Mas), Japanischer Ahorn (Acer Palmatum), Felsenbirne (Amelanchier Lamarckii), Sumpfeiche (Quercus Palustris)

noch einmal verdeutlicht. Gleichzeitig zeigt sie mit ihrer stark farbigen Schattierung zwischen gelb, rot, braun und schwarz ein Element der Differenzierung zum Gebäude, deren Kraßheit einen starken Spannungsakzent liefert. Rustikal/technoid, alt/jung, roh/sanft – die poetische Widersprüchlichkeit ist hier verständlich gebannt, ohne pathetisch zu wirken. Durch eine Steinschüttung unterhalb des Weges bis an den See wird das alpine Motiv wieder aufgenommen: eine abgerutschte Felswand, ein Lawinenhang.

Gemeinsam mit dem Azaleenhügel auf der gegenüberliegenden Seite, der den Höhenunterschied zum linksseitigen Grundstück mit einer Raumkante begrenzt, schafft die Zyklopenmauer die Isolierung des naturästhetischen Ansatzes von der teilweise doch recht banalen Umgebung, die der kontemplativen Ausrichtung zuwiderlaufen würde.

Aufgrund der Transparenz der verglasten Basementfassade werden die angrenzenden Außenanlagen zum Bestandteil des Innenraums.

Links: Assoziationsbild für die Gestaltung der Felsmauer
Rechts: Ein Detail der ausgeführten Felsmauer, die mit dem auf der Baustelle vorgefundenen Ruhrsandstein hergestellt wurde.

Auch die Bambusanpflanzungen an den Wasserflächen in den Lichthöfen wecken die Erinnerung an fernöstliche Selbstgewahrsamkeit – ein Motiv, das bei der Dachgartenbegrünung wieder aufgenommen wurde. Auf die Dachgärten und vor die Fenster der Vorstandsetagen zogen Christoph Ingenhoven und Klaus Klein eine locker gepflanzte Bambuswand, die insbesondere bei Nebel oder Wolken Gebirgsatmosphäre vor die Fenster zaubert.

Unter dem Titel Freiflächengestaltung muß man sicherlich noch die Erweiterung der Kantine ins Freie durch eine Terrasse im See erwähnen, außerdem die Elemente des Wasserkreislaufes, der auf dem Vorplatz des Gebäudes mit Becken und Fontaine beginnt und sich über zwei Lichthöfe links und rechts und die Kaskaden bis in den schwarz ausgeschütteten See ergießt, sowie das von Richard Long geplante Kunstwerk aus Neandertal-Kalkstein mit einer Länge von 32 Metern, dem Durchmesser des Gebäudes.

Etwas genauer muß allerdings die stadträumliche Situation und die über das Grundstück hinausweisende Planung von Ingenhoven Overdiek und Partner betrachtet werden, da mit dem Ersatz der Stern-Brauerei durch die RWE-Zentrale am Opernplatz eine neue Situation entstanden ist, die nach ausgreifenderen Ideen verlangt. Denn mit der Implantation der RWE läßt sich in dem traditionell unattraktiven südlichen Bahnhofsbezirk eine Wende einleiten: ein neues Zusammenwachsen der durch die Bahn getrennten Innenstadthälften Essens.

Blick in die mit Naturstein ausgelegten Wasserbecken der Atrien

Links: Bambus (Phyllostachys Glauca)
Rechts: Blick von der zentralen Lobby im Gartengeschoß zum zentralen Patio der Konferenzzone

Blick in die Atrien der Speiseräume

Blick in den zentralen Patio, über den das Foyer der Konferenzzone und die Konferenzräume belichtet werden. Der Bambus bietet Sichtschutz für die Konferenzräume, läßt jedoch den gefilterten Durchblick zu.

Der mit Solitär-Bambus und Bambusunterpflanzungen gestaltete Dachgarten auf dem 27. Obergeschoß bietet einen weiten Blick über das Ruhrgebiet.

Die logische Anbindung der beliebten Einkaufsgegend nördlich des Hauptbahnhofs an den Dienstleistungsstadtteil mit seinen großen Konzernzentralen südlich ist auch der Grundgedanke des Passarea-Projektes von Ingenhoven Overdiek und Partner. Dieses Konzept, dessen Kernstück ein neuer Hauptbahnhof ist, öffnet die Barriere und verknüpft die beiden Viertel neu. Doch damit so eine Verknüpfung auch sinnvoll ist, verlangt es nach einer grundlegenden Verbesserung der städtebaulichen Situation im Norden. Dazu, so die Überlegung von Ingenhoven Overdiek und Partner, müßte der Opernplatz zwischen Alvar-Aalto-Theater, Stadtpark, Hochtief-Zentrale und RWE sein momentanes Erscheinungsbild eines verqueren Verkehrsschnittpunktes für einen städtischen Platz verlieren. Die Ausrichtung des Theaters, das Aalto, der damaligen unattraktiven Situation in seinem Rücken durchaus angemessen, ganz zum Park hin ausgerichtet hatte, kann nur korrigiert werden, wenn man den Baumbestand um das Theater bis an die RWE heranführt, die aktuellen Linienführungen von Bus und Straßenbahn verlegt, den Autoverkehr ableitet und so vom Bahnhof heran eine neue Fußgängerverbindung installiert. Damit wäre der Opernplatz wieder ein Platz von Erlebniswert, von dem aus sich die Neubelebung der nördlichen Innenstadt fortpflanzen könnte.

Chronik
Achim Nagel und Lars Leitner

Wettbewerb

Anfang 1991
Beschluß der RWE AG, zusammen mit der Ruhrkohle AG (RAG) einen Realisierungswettbewerb mit städtebaulichem Aufgabenteil für das Gelände der ehemaligen Stern-Brauerei und das Gelände der Hauptverwaltung der Ruhrkohle AG südlich des Hauptbahnhofs Essen durchzuführen. Aufgabe des Wettbewerbs ist es, "ein neues Dienstleistungszentrum mit Verwaltungsgebäuden, Läden, Wohnungen, einem Hotel und Freizeiteinrichtungen wie z. B. gastronomische Betriebe" zu planen. Hauptnutzer der Büroflächen sollen die beiden Auslober sein.

Frühjahr 1991
Versand der Wettbewerbsunterlagen.

20. Juni 1991
Preisgerichtssitzung unter Vorsitz von Peter Zlonicky. Die Arbeitsgemeinschaft Christoph Ingenhoven/Bob Gansfort, Düsseldorf, wird mit dem ersten Preis ausgezeichnet.

Die Empfehlung des Preisgerichtes lautet:
"Die mit dem 1. Preis ausgezeichnete Arbeit bietet einen besonders guten Rahmen für eine weitere Entwicklung und Qualifizierung der Bauvorhaben. Mit der Überarbeitung des vorliegenden Entwurfs und mit weiteren Leistungen zur Objektplanung des RWE-Geländes sollten im Sinne der Auslobung die Verfasser beauftragt werden. Für den zentralen Freiraum ist ein Konzept zu entwickeln, das die Grenzen zwischen bebauten und großzügig freizuhaltenden Räumen festlegt und ein überzeugendes Stadt-Landschafts-Konzept mit hohen Aufenthaltsräumen gestaltet. Zur Neugestaltung des RAG-Komplexes soll ein geeignetes Qualifizierungsverfahren unter Beteiligung mehrerer Wettbewerbsteilnehmer eingeleitet werden. Als Alternative soll die Integration des vorhandenen RAG-Gebäudes untersucht werden."

Im weiteren Projektverlauf werden 1991/1992 folgende Rahmenbedingungen festgelegt.
· Die Ruhrkohle entscheidet sich, ihr Projekt weitestgehend eigenständig zu realisieren.
· Die Planung der Randgebäude inklusive Tiefgaragen wird an HPP Hentrich-Petschnigg & Partner KG, Düsseldorf als 2. Preisträger des Wettbewerbs vergeben.
· Der Architekt Bob Gansfort wird mit der Realisierung der Wohnbebauung mit Tiefgarage und des Hochhauses an der Rellinghauser Straße beauftragt.
· Das Büro Christoph Ingenhoven Architekten und Ingenieure erhält als Federführer der Arbeitsgemeinschaft der beteiligten Architekten neben den städtebaulichen Projektteilen des Gesamtprojektes das Hochhaus für die Konzernzentrale der RWE AG sowie die Freiflächenplanung in Auftrag.

Planung

1992
Im Laufe des Jahres 1992 wird gemeinsam mit der Stadt Essen auf der Basis des preisgekrönten städtebaulichen Konzeptes und der Vorplanung der einzelnen Projektteile der Bebauungsplan aufgestellt.

In dieser Phase der intensiven städtebaulichen Auseinandersetzung mit dem an den Hauptbahnhof angrenzenden Stadtteil entstehen die städtebaulichen Ideen, die ab 1993 Grundlage für die Passarea-Planung werden. Dieses Konzept sieht vor, die bisher stark separierten Innenstadtteile nördlich und südlich des Hauptbahnhofs im Bereich der Passarea zu verdichten und somit besser zu verbinden. Kernstück der Planung ist ein neuer Hauptbahnhof sowie mehrere Bürogebäude im Umfeld.

August 1992
Der Architektenvertrag wird abgeschlossen.

Herbst 1992
Fertigstellung des Bebauungsplans.

Oktober 1992
Präsentation der Vorplanung für das Hochhaus vor dem Vorstand der RWE AG. Städtebauliche Konzeption sowie das Gebäude-, Fassaden-, Tragwerks- und Technikkonzept werden in dieser Vorstandssitzung zur weiteren Planung freigegeben.

April 1993
Vorstellung des Konzeptes der zweischaligen Lüftungsfassade in Form einer integrierten Studie von Architekten, Fachplanern und Beratern.

Ab Juni 1993
Aerodynamische Makrountersuchung durch das Institut für Industrie Aerodynamik, Aachen (IFI) zur Ermittlung der auf das Gebäude einwirkenden Windlasten und zum Aufzeigen der störenden Windeinflüsse auf die einzelnen Projektteile.

Ab August 1993
Aerodynamische Mikrountersuchung durch IFI zur Ermittlung der auf die Fassade wirkenden Windströmungen und Windgeräusche.

Anfang August 1993
Abgabe Entwurfsplanung.

20. August 1993
Vorstellung der Entwurfsplanung vor dem Vorstand der RWE AG.

Das Areal der Stern-Brauerei kurz vor und kurz nach dem Abriß der Brauerei

Oben: Die Baustelle zu Weihnachten 1994. Die Stützen der Eingangshalle sind genauso wie die seitlichen Kerne schon erstellt.
Links: Das soeben fertiggestellte Hochhaus der RWE AG zu Weihnachten 1996.

Anfang September 1993
Fertigstellung der Genehmigungsplanung.

September / November 1993
Prozeß des Value Engineering mit Untersuchung von Kostenreduzierungspotentialen.

22. November 1993
Nach umfangreichen Untersuchungen, in die neben der RWE AG und den Planungsbeteiligten auch Spezialisten von HOCHTIEF und Lahmeyer involviert sind, entscheidet der Vorstand der RWE AG, das Gebäude gemäß einer 21-Punkteliste umplanen zu lassen. Diese Liste enthält Einsparungspotentiale wie den Wegfall des geplanten Hubschrauberlandeplatzes auf dem Gebäudeabschluß, die Verkleinerung des Raumprogramms sowie die Reduzierung des Technik- und Innenausbaustandards. Als besonders bedauerlich für die Architekten muß die Streichung der innenliegenden Treppenhäuser in den Normalgeschossen angesehen werden, von denen sich die Architekten eine hohe kommunikative und räumliche Qualität versprachen. Die vom Bauherrn gewünschte Verbesserung der Flächenökonomie führt neben dieser Streichung auch zu einer engeren Achsteilung. Durch die Reduzierung der Geschoßhöhen können außerdem zwei weitere Geschosse untergebracht werden. Auf der Basis der bisherigen Planung und der 21-Punkteliste erhält HOCHTIEF den Auftrag, das Gebäude zu erstellen. Die Architekten werden mit der Planung einschließlich der kompletten Werk- und Detailplanung sowie der künstlerischen Objektüberwachung beauftragt.

19. Dezember 1993
Einreichung des geänderten Bauantrages.

31. März 1994
Vervollständigung und Tektur des Bauantrages.

Anfang April 1994
Lieferung der ersten Ausführungspläne als Grundlage der Schlitz- und Durchbruchpläne sowie der Bewehrungspläne. Damit wird das Fließen des ersten konstruktiven Betons im Juli 1994 sichergestellt.

Realisierung

Anfang 1993

Beauftragung der Altlastenentsorgung und des Aushubs der Baugrube.

Im Rahmen dieser Maßnahme, in der man das Grundstück bis zu 13 Meter unter Geländeniveau absenkt, werden die oberflächennahen Kohleflöze Finefrau, Geitling 1 und 2, Kreffenscher 2 und Mausegatt mit einer Dicke von bis zu 100 Zentimetern angetroffen. Im Flöz Geitling 1 befinden sich zwei Hohlräume, die nach Aushub des eingeschwemmten Bodenmaterials mit Magerbeton verfüllt werden. Außerdem nimmt man bei dem mit Windablagerungen verfüllten alten Flußbett der Berne einen Bodenaustausch bis zu einer Tiefe von 3 Metern vor.

Der gesamte Abbruch und Aushub wird wegen der Fliegerbomben auf der Baustelle säuberlich sortiert, in Abstimmung mit dem Gewerbeaufsichtsamt gesiebt und zur Weiterverwertung abtransportiert.

Dennoch explodiert Ende 1993 TNT, welches die Farbe des Baugrundes angenommen hatte, im Schredder und verletzt zwei Bauarbeiter. Glücklicherweise ereignen sich während des Bauvorhabens keine weiteren schweren Unfälle.

Im Bereich der Baugrube traf man auf mehrere Kohleflöze, die mit Beton verfüllt wurden. Besonders aufwendig war das Abtragen des Felsens, der jedoch ideale Gründungsvoraussetzungen für das Hochhaus bot.

Der Bau des Hochhauses ist unter anderem auf Ruhrsandsteinfels gegründet. Dieser sorgfältig abgetragene Felsen wird zunächst auf der Baustelle sortiert und anschließend auf einem Bauhof bis zur weiteren Bearbeitung zwischengelagert. Im Rahmen der Freiflächenkonzeption entsteht später die Idee, diesen Stein in seiner natürlichen Farbigkeit für die Verkleidung der geschwungenen Zyklopenmauer im Park sowie für die Ausbildung des Seeufers zu verwenden.

Anfang 1994

Beginn des Feinaushubs zur Vorbereitung der Hochhausgründung. Da die Gründung bis auf Karbonschichten geführt werden muß, erfolgen zur Sicherheit im Bereich des offen liegenden Karbons Metangasmessungen.

Im Anschluß an die Aushubarbeiten und Altlastenentsorgung stellt der Baustellenverkehr – nicht zuletzt angesichts der parallel verlaufenden Baumaßnahme auf dem Grundstück der Ruhrkohle AG – Planer, Bauleitung und die Energie- und Versorgungsunternehmen der Stadt Essen vor enorme Herausforderungen. So besteht die Notwendigkeit, den ordnungsgemäßen Betrieb der Straßenbahnlinie entlang der Gutenbergstraße störungsfrei weiterzuführen. Während der Aushubphase müssen die durch den LKW-Verkehr verschmutzten Straßen täglich gereinigt werden. Um die Passanten sicher an der Baustelle entlangzuführen, sind Fußgängertunnel und eine Änderung des bestehenden Gehweges notwendig.

Die vollständige Bebauung des 17.000 Quadratmeter großen Grundstücks im Zentrum der Stadt macht schon im Vorfeld der eigentlichen Baumaßnahme detaillierte Überlegungen zur Logistik notwendig. Ein streng einzuhaltendes Anmeldeverfahren für die Lieferung von Baumaterialien regelt Anfahrt und Transport auf die Baustelle und später – über zwei außenliegende Alimak-Aufzüge – in das wachsende Gebäude. Die logistische Optimierung macht es ferner notwendig, daß das Hochhauskerngebäude zuerst in die Höhe gebaut wird und die Randgebäude und die Tiefgaragen nachziehen.

Juni 1994

HOCHTIEF bringt die Sauberkeitsschicht für die Gründung auf.

Mitte Juli 1994

Schalung und Bewehrung der Gründungsplatte des Hochhauses werden nach fünf Wochen fertiggestellt und vom Prüfstatiker abgenommen.

22. Juli 1994

In einer ganztägigen Betonieraktion wird von vier Pumpstationen die Grundplatte des Hochhauses komplett gegossen, um einen monolithischen Gründungskörper zu erstellen. Der Beton muß wegen der hohen Hydrationswärme über wasserdurchströmte Gummischläuche gekühlt werden. Der Abbindeprozeß der Betondecke dauert drei Wochen und wird konstant über in den Beton eingelegte Temperaturfühler überwacht.

12. September 1994

Annette Jaeger, Oberbürgermeisterin der Stadt Essen, Dr. Friedhelm Gieske, Vorstandsvorsitzender der RWE, und Dr. Hans-Peter Keitel, Vorstandsvorsitzender von HOCHTIEF, legen den Grundstein. Die Nachbarn hören die Ansprachen an ihren offenen Fenstern und nehmen mit Freude das Versprechen zur Kenntnis, zum Richtfest eingeladen zu werden.

Dezember 1994

Bereits fünf Monate nach dem Fließen des ersten konstruktiven Betons wird die Decke über dem Erdgeschoß betoniert. Mit der Herstellung der 5 x 6 Meter großen und 1,5 Meter hohen Schalkörper aus glasfaserverstärktem Kunststoff für die außergewöhnliche Deckenform (bürointerner Spitzname: Porschefelge) ist die Firma Seeger aus Stutensee / Hunsrück, beauftragt, die auf die Herstellung von gewölbten Musterformen für die Automobilindustrie und Schiffskörper spezialisiert ist. Nachdem über dreidimensionale Berechnungs- und Vermaßungssysteme die konkrete Form und das Volumen der "Porschefelge" fixiert worden sind, optimieren Muster im Maßstab 1:50 und 1:10 die genaue Form und Detailausbildung. Nach einem nächtlichen Sondertransport dieser Elemente bringt das Baustellenteam die Bewehrung in die gewölbte Form

Die glasfaserverstärkten Kunststoffschalkörper für die Eingangshalle wurden unter Aufsicht des Architekten in mehreren Schichten erstellt und in ihrer Oberflächengenauigkeit optimiert. Schließlich wurden sie mit einem Spezialkran montiert und anschließend bewehrt.

Nach dem Abschluß der Altlastenbeseitigung wurde die 3 Meter dicke Grundplatte des Hochhauses geschalt sowie die Bewehrung eingebracht. In dem Bild sind neben der Schalung auch bereits die Fundamente der Hauptkräne zu sehen, die parallel zum weiteren Bauablauf aufgestockt werden.

Teile der Untergeschosse mußten aus logistischen Gründen zur Anlieferung des Hochhauses zurückbleiben.

Das Hochhaus wurde Geschoß für Geschoß in die Höhe gebaut. Die Luftfotos zeigen den Bauablauf von März 1995 bis Juni 1996. Anhand der Fotos wird deutlich, daß parallel zum Rohbau die Konstruktion des Aufzugsturms und die Fassadenmontage nachgezogen wurden.

ein. Die Deckenrüstung muß wegen des hohen Schalungsdrucks bis zur Gründung durchgestützt werden.

Alle tragenden Stahlbetonstützen und Decken werden im Gartengeschoß und Erdgeschoß als Sichtbetonflächen ausgeführt. Wegen des widrigen Winterwetters und des schwierigen Betoniervorganges dieser Tragteile aus hochfestem Beton überarbeitete die Firma Strothmann/Köln nach Abschluß der Rohbauarbeiten den Sichtbeton und schafft dadurch einen perfekten Hintergrund für die Arbeit von Lothar Baumgarten.

Man entschied sich für einen grünen Naturstein, den Christoph Ingenhoven in der Schweiz im Bergell entdeckt hatte. Bei der weiteren Untersuchung stellte sich heraus, daß dieser in der Schweiz als "Verde Spleer" bekannte Stein auch auf der anderen, italienischen Seite als "Verde Spluga" abgebaut wird. Wegen der auf den Sommer beschränkten Abbauzeit muß bereits Anfang 1995 dieser Stein ausgewählt und abgebaut werden. Er wird in großen Blöcken am Splügenpaß in der Nähe des Ortes Andossi Scrae abgebaut, von der Firma Graziano Cancian in Mönchengladbach gegattert und mit Diamantsägen auf Dicke geschnitten. Anschließend werden die 8.400 unterschiedlichen Formate geschnitten, die Oberfläche für Außenbereiche geflammt oder für Innenbereiche geschliffen hergestellt. Abschließend wird jeder Stein numeriert und zur Verlegung auf die Baustelle gebracht.

Februar / März 1995
Über dem Erdgeschoß werden die nächsten zwei Geschosse als Überzugtragwerke mit nicht veränderbaren statischen Betonwänden ausgeführt.

Die Herstellung der darüberliegenden Geschosse kann dadurch optimiert werden, daß die Geschosse in zwei Hälften geteilt und auch in dieser Form stufenförmig hergestellt werden. So läßt sich die Anzahl der vorfabrizierten Deckentische minimieren, die über den Kran jetzt schneller umgesetzt werden. Der Ablauf zeigt, daß je Halbgeschoß nur noch vier Tage benötigt werden. Dieser rationalisierte Bauablauf wird bis zur Decke über dem 17. Obergeschoß durchgeführt.

Oktober 1995
Die beiden Technikgeschosse über dem 17. Obergeschoß stellen sich konstruktiv und bauablauftechnisch als besonders kompliziert dar, weil hier aufgrund der aufwendigen Technikinstallationen nur geringe Unter- und Überzugshöhen möglich sind.

Während die Treppenhauskerne weiter herkömmlich klettern, werden die restlichen vertikalen Bauteile in einem Zug erstellt. Bedingt durch die sehr dichte Lage der haustechnischen Installation müssen die fünf im Innenkreis befindlichen Stützen ausgewechselt werden. Dies führt zu einer Balkenkonstruktion mit einer Dicke von 1,25 Metern. Sie wird mit vorgefertigten Schalkassetten gefertigt, die wiederum auf einen durchgehenden Schalboden gestellt werden. Der Außenring mit der Normaldeckendicke von 25 Zentimetern kann mit den Deckentischen der Normalgeschosse geschalt werden.

Mai 1996
Die Rohbauarbeiten werden mit der Fertigstellung der Decke über dem 29. Obergeschoß termingerecht abgeschlossen.

Nachdem anhand von mehreren Musterfassaden die letzten technischen und gestalterischen Entscheidungen getroffen sind, beginnt räumlich versetzt, mit sechs Geschossen Abstand zum Rohbau, die Fassadenmontage.

Für jeden Montageabschnitt ist das darüberliegende Geschoß als Montagegeschoß vorgesehen. Das Montieren der Elemente erfolgt dann über eine Montagefahrschiene mit Laufkatze / Monorail.

Die Montage geht außerordentlich schnell vonstatten, da die komplett mit Sonnenschutz angelieferten Fertigelemente direkt an Spezialkonsolen, die bereits am Rohbau installiert wurden, justierbar sind. So können bei optimalen Witterungsbedingungen innerhalb einer Woche etwa 50 Fassadenelemente, also in etwa die Fassade eines Geschosses, montiert werden.

Eine besonders große Herausforderung für die Architekten und die Fassadenbauer der Firma Gartner stellen die circa 600 Quadratmeter Schrägfassade des Sockelgeschosses zur Gartenseite dar. Die hier entworfene Geometrie einer Kegelstumpfscheibe erzeugt in jedem Fensterfeld ein unterschiedliches Format.

Oberste Reihe: Die Fundstelle des Natursteins Verde Spluga am Splügenpaß, Norditalien in der Nähe der Quelle des Rheins.
Zweite Reihe von oben: Die abgebauten Natursandsteinblöcke warten auf den Abtransport nach Mönchengladbach zu der Firma Graziano Cancian.
Dritte Reihe von oben: Einteilung der Schnittmuster auf den Rohplatten und Probeverlegung mit Numerierung der Platten.
Unterste Reihe: Rohplatten nach der Gatterung der Natursteinblöcke und Verlegung auf der Baustelle. Zu sehen sind die Einbauorte an der Kaskade und in der Eingangshalle.

In einer ganztägigen Betonaktion wurde am 22.07.94 die drei Meter starke Gründungsplatte gegossen. Die Fotos geben einen Eindruck von dieser eindrucksvollen logistischen Leistung der Betonbauer. Zu Beginn des Betoniervorgangs mußten sich einige Betonbauer zwischen Unter- und Oberbewehrung aufhalten, um mit Rüttlern die ordnungsgemäße Verdichtung des Betons sicherzustellen.

Nachdem die Kunststoffschalen auf der Rüstung über dem Erdgeschoß montiert worden waren, wurde die Bewehrung in die Unterzüge und gewölbten bis zu zwei Meter dicken Deckenfelder eingebracht. Die beiden Fotos links und unten zeigen die Decke kurz bevor diese für die Erscheinung der Eingangshalle so charakteristische "Porsche-Felgen-Decke" betoniert wurde.

27. Juni 1996
Richtfest
Der Vorstandsvorsitzende von HOCHTIEF, Dr. Klaus-Peter Keitel, verspricht die Fertigstellung des Gebäudes zum 31. Dezember desselben Jahres. Der Vorstandsvorsitzende der RWE AG, Dietmar Kuhnt, erklärt, daß dieses Gebäude das Selbstverständnis der neuen RWE AG symbolisiert.

21. September 1996
Montage der Antenne und der vormontierten Stahlplattform auf dem Dach vom Kran aus. Die Antenne besteht aus drei Teilen und ist zur Montage und Wartung von innen begehbar.

Herbst 1996
Montage des Loggiadaches: Die in mehreren Teilen nach Essen gelieferte und auf einem Zechengelände zusammengebaute Konstruktion wird mit drei Kränen hochgezogen und verankert. Damit ist die städtebaulich gewünschte Verbindung der Randgebäude geschaffen. Anschließend erfolgt die Montage der Photovoltaiklamellen auf dem Loggiadach. Die Anlage mit einer Leistung von 19 kWp speist Strom in das hausinterne Netz ein. Überschüssige Energie wird über Wechselrichter an das städtische Elektrizitätsunternehmen abgegeben.

Oktober 1996
Die Montage der circa 11.000 Quadratmeter großen Hochhausfassade mit ihren 5.526 Glasscheiben ist beendet; die schnelle Montage hat das zügige Nachziehen des Innenausbaus schon lange vorher ermöglicht.

Herstellungsprozeß der Thyssen Aufzüge von den Musterkabinen bis zu den eingebauten Aufzügen

Parallel zur Fassadenmontage wird die Vorinstallation der Technik durchgeführt. Auf die an jeweils 2 Hängern befestigten Traversen der Deckenelemente werden störungsfrei zum restlichen Bauablauf die Leitungen geführt. Erst mit einem Nachlauf von mehr als 6 Monaten werden die Endinstallationen vorgenommen, wobei sich der eigens für diesen Montageablauf entwickelte Technikkanal logistisch als sehr effizient herausstellt. Nach der Fertigstellung der Montage im Technikkanal dauert es noch einmal mehrere Monate, bevor kurz vor der Fertigstellung der Räume die perforierten Seitenbleche eingeclipst werden.

Anfang November 1996
Erste Begehungen und Abnahmen von einzelnen Geschossen mit dem späteren Nutzer der RWE.

Bis zum Dezember 1996
Installation der Technikzentrale. Durch die komplizierte Einregulierung nach der Montage der Technikzentrale entwickelt sich die nachfolgende Installation der Aufzüge zum terminkritischsten Gewerk. Die dreischichtige Arbeitsweise rund um die Uhr durch die Firma Thyssen rettet den Termin.

30. Dezember 1996
Offizielle Fertigstellung und Übergabe des Gebäudes und der Außenanlagen.

Ab Anfang 1997
Abnahme der restlichen nutzerseitigen Innenausbauten, Einregulierung der technischen Gebäudeausrüstung sowie EDV-Installationen.

13. März 1997
Feierliche Eröffnung im Beisein von Oberbürgermeisterin Annette Jäger, Dr. Dietmar Kuhnt, Vorsitzender des Vorstandes der RWE AG und Dr. Wolfhard Leidnitz, Mitglied des Vorstandes der HOCHTIEF AG.

10. März 1998
Fast ein Jahr nachdem die RWE ihr Hochhaus bezogen hatte, besetzen Aktivisten der Umweltschutzorganisation Greenpeace das Loggiadach über dem Vorplatz. Mit dieser Aktion will Greenpeace gegen die zu der Zeit stattfindenden Castor-Transporte protestieren, die zum Teil auch die radioaktiven Abfälle aus Kernkraftwerken der RWE Energie AG transportieren. Nach ersten Irritationen über diese spektakuläre Aktion reagieren RWE-Mitarbeiter im Sinne des auch durch das Gebäude symbolisierten, neuen, offenen Selbstverständnisses der RWE und laden die Greenpeace-Aktivisten ein, bei Kaffee und Kuchen zu diskutieren.

Kurz vor Fertigstellung der Fassadenarbeiten wurden die Stahlelemente von Gebäudeabschluß, Aufzugsturm, Vordach und der Turmspitze am Boden vormontiert, mit dem Kran an den Einbauort gehoben und dann fixiert. Parallel zum Bauablauf des Hochhauses wuchsen auch die beiden Hauptkräne. Sie mußten in regelmäßigen Abständen an den geschlossenen Kernwänden befestigt werden. Die geschoßweise Montage der Fassade wurde an diesen Befestigungspunkten ausgespart. Zur Abdichtung vor eindringendem Wasser wurden die Fassaden umlaufend abgedichtet.

Links: Die Endmontage der Turmspitze. Der obere Teil mit Steigleiter und Hindernisfeuer zur Nachtkennzeichnung wurde mit dem Helikopter in Position gebracht und in schwindelnder Höhe verschweißt.

Interior
Till Briegleb

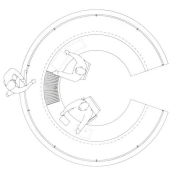

Der kreisrunde Empfangstresen (M 1:80) in der Eingangshalle beinhaltet sämtliche Sicherheits- und Steuerungsfunktionen des Gebäudes. Alle vertikalen Korpusflächen wurden mit fein perforiertem Aluminiumblech verkleidet. Die Horizontalflächen wie Taschenablage oder Schreibfläche wurden mit schwarzem Rindsleder belegt.

Um sich in einem Gebäude wohlzufühlen, bedarf es eines Gefühls von Freiheit, sich gemäß den eigenen Bedürfnissen verhalten zu können. Diese Freiheit setzt aber voraus, daß die Struktur der Architektur verschiedene Möglichkeiten offenläßt. Jede Form dominanter Bedingungen führt dagegen zu Beengung und Unzufriedenheit. Eine hohe Flexibilität zu erreichen, die gleichzeitig Zurückhaltung aufweist, um nicht durch unnötige Präsenz wieder zur Einengung zu führen, stellt für die Innenarchitektur eine hohe Herausforderung dar. Zumal in einem Hochhaus, das schon von sich aus reduzierte Optionen besitzt.

Mit der Fassadenkonstruktion wurde bereits ein Großteil der Probleme bearbeitet, die den Aufenthalt in Hochhäusern belastend machen können. Natürliche Luftzufuhr, der akustische Kontakt zur Außenwelt und die selbständige und variable Handhabung von Belüftung und Lichteinwirkung, wie sie durch die doppelschalige Fassade hier erstmals zufriedenstellend gelöst wurden, sind beträchtliche Verbesserungen der Situation, die den natürlichen Komfort von flachen Gebäuden erstmals auch für große Höhen erlauben. Damit deren positive atmosphärische Wirkung aber nicht durch den Innenausbau konterkariert wird, bedarf es hier derselben analytischen Sachlichkeit und formalen Diskretion.

Die erste Entscheidung, die Christoph Ingenhoven auf dem Weg zu einer stimmigen Fortsetzung der Architektur im Innenausbau setzte, lautete, daß Lebendigkeit nicht von der Architektur vorgetäuscht werden dürfe. "Ich will keine Vitalität durch das Gebäude schaffen, sondern ermöglichen." Das bedeutete für die Materialwahl Beschränkung, Bescheidenheit, Zurücknahme und die Beachtung hoher Leistungsfähigkeit. Wenige Materialien, dafür wohl ausgesucht, wurden schließlich im ganzen Gebäude durchdekliniert und entsprechend der jeweiligen Situation gewichtet. Diese Zurückhaltung erlaubt nicht nur die Schaffung eines unaufdringlichen Hintergrundes für die Entfaltung von Kommunikation und Kreativität, sie entspricht auch der Gesamtidee des Gebäudes wie der Arbeit des Büros Ingenhoven Overdiek und Partner überhaupt, die industrielle Vorfertigung und modulare Vervielfältigung als Grundkonstante vernünftigen und ökologischen Bauens zu beachten. Glas, perforiertes Aluminiumblech, Kunststofflaminat und Buchenholz als Verkleidung, Naturstein und Teppich als Bodenbelag stellen das Materialgerüst des gesamten Innenausbaus.

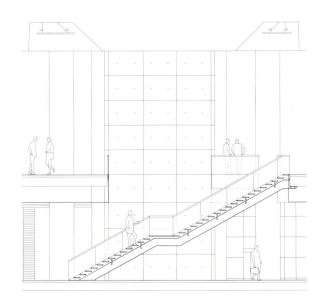

Im weiteren ging es den Architekten darum, keine Als-ob-Situationen zu schaffen. Das Skelett aus Beton wird nicht verleugnet. Die konstruktiven Elemente wie Säulen werden in Sichtbeton belassen, jede Form von Installation oder Verkleidung wird als zusätzliches Element durch die offensichtliche Montage sichtbar gemacht. Die vorgefertigten Standardteile sind geschraubt, gesteckt, gefügt, abgehängt, kurz: vom Hintergrund distanziert. Der Illusion von homogenen weißen Zellen wird konsequent entgegengearbeitet. Putz, Rigips, Tapete oder Steinverkleidungen an den Wänden und Decken werden, von unvermeidbaren Ausnahmen abgesehen, strikt vermieden. Das Haus als solches ist somit in jedem Raum anwesend, die konstruktive Ehrlichkeit wird als die Grammatik des Gebäudes allerorts wahrnehmbar.

Weitere Voraussetzungen für das Material stellten die Anforderungen an Ökologie und Verträglichkeit dar. Jede mögliche Gesundheitsschädigung sollte konsequent ausgeschlossen sein, und auch die Energiebilanz wurde beachtet, soweit die schwierige Meßbarkeit dieses Wertes eine unstrittige Erkenntnis erlaubte.

Ehrlichkeit herrscht auch im Umgang mit den Stoffen selbst. Materialeigenfarbigkeit und -struktur sollten erhalten bleiben. Somit wurden auch keine deckenden, hochglänzenden Lacke, Beizen oder Lasuren verwendet, welche die Eigenfarbigkeit verfälscht hätten. Auf glatte Oberflächen wurde aus Gründen der Haptik verzichtet. Zurückhaltung bis ins Detail hieß die Devise. Dort, wo man eine Farbigkeit wählen mußte, wie bei Kunststoffen, Teppichen oder Möbeln, entschied man sich auch für die begrenzte Farbigkeit des sogenannten "alpinen" Konzeptes, das die farbliche Gesamtatmosphäre bestimmen sollte. Diese für ein Hochhaus im Flachland amüsante Metapher definiert ein Farbspektrum begrenzter Breite und Leuchtkraft, das wiederum auch den Zweck verfolgt, das Gebäude nicht durch grelle Akzente in eine künstliche Konkurrenz zur Lebendigkeit der Benutzer zu bringen. Dieses "alpine" Konzept schafft außerdem eine Innen-Außen-Verbindung, indem es auch für die Konzeption des Gartens verwendet wurde und mit der unmittelbaren Wettererfahrung in einem Hochhaus korrespondiert. Die verwendeten Farben sind Silbertöne (Wasser), weiß (Schnee), grau (Stein), braun (Holz), grün (Blätter) und blau (Himmel) sowie Mischtöne.

In den Wartezonen in der Eingangshalle und im ersten Untergeschoß wurden lange Sitzbänke mit klassischen Le Corbusier Sesseln kombiniert, beide mit schwarzem Rindsleder bezogen und mit transparent wirkenden Glastischen ergänzt. Die Sitzgruppen erzeugen eine Stimmung von Ruhe und Gelassenheit, in der jede Art von Gespräch Raum finden kann.

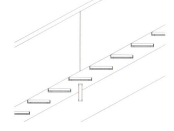

Die Sesselgruppen als immer wiederkehrendes Thema wurden so formiert, daß Nähe und Distanz in der Nutzung gewährleistet, und unterschiedliche Gruppenbildungen möglich sind. So kann man sich sowohl zurückziehen als auch in Gruppen kommunizieren.

Von den Lounges im Gartengeschoß aus gibt es Blickbeziehungen in die Eingangshalle, in Atrien und den Park: eine entspannte Atmosphäre, um sowohl dem Treiben innerhalb des Gebäudes zu folgen als auch die Natur genießen zu können.

In dem Betriebsrestaurant wurden der Wire Chair von Charles Eames und der von Arne Jacobsen entworfene ovale Spannbeintisch eingesetzt. Die ovale Plattenform der Tische erzeugt die kommunikative Nutzung eines runden Tisches bei größerer Belegungsdichte. So kann diese Tischform gut solitär als auch in Gruppen aufgereiht stehen. Zudem ist das Aufstellen rechteckiger Tabletts möglich. Es wurde ein vitaler Rot-Orange-Ton für die Stoffbezüge gewählt, um den nur zwei Stunden am Tag genutzten Raum auch ohne Menschen optisch zu beleben.

Zur weiteren Tagesverpflegung der Mitarbeiter außerhalb der Öffnungszeiten des Restaurants wurde eine Vielzahl von Getränken- und Snackautomaten in eine Wand des Foyers integriert. Die Automaten wurden aluminiumfarben lackiert. Jede Art von Animationsgraphik wurde weggelassen, um die Automaten in die Gesamtansicht der aluminiumblechverkleideten Wand ästhetisch unaufdringlich einbinden zu können.

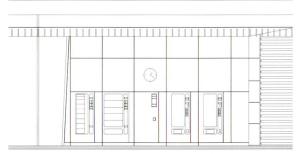

Ansicht Automatenwand

Durch diese konzeptionelle Vorüberlegung, ein dienendes und uneitles Gesamterscheinungsbild zu entwerfen, waren natürlich viele Materialien ausgeschlossen, mit denen große Unternehmen gerne Status und Potenz vermitteln: Aggressive Selbstdarstellung mit Marmor, Chrom oder teuren Hölzern kommt im RWE-Hochhaus nicht vor. Das zentrale Wort, mit dem Christoph Ingenhoven das Konzept der Konzernzentrale überschreibt, lautet: Sanftheit. Wie setzt sich diese Sanftheit jetzt konkret um? Zuerst einmal ist das Gebäude durch die Rundumverglasung, trotz Weißglas, von einem feinen Grünschimmer durchdrungen. Dieser Ton wird wieder aufgenommen von der Farbe des Teppichs und des Natursteinfußbodens, ein Graugrün in unterschiedlicher Tönung, der gewebte Teppich stärker farbig, der Gneis aus einem Alpensteinbruch dominant graugrün.

Aluminium, das bei der Fassade und anderen Metallkonstruktionen, bei Möbeln, dem Pförtnertresen und anderen vertikalen Verkleidungen gelocht und ungelocht verwendet wird, ist ein Material, das die Umgebungsfarbe stark aufnimmt und reflektiert. So wird die harmonische Tönung unterstützt.

Buchenholz, verwendet für die Trennwände zwischen den Büros, wurde wegen seiner relativ neutralen Farbigkeit und Struktur benutzt, zudem ist es ein Hartholz, bezahlbar und heimisch. Es ist als industrialisiertes, furniertes, vorgefertiges Material erkennbar. Dieser Eindruck wird durch Lochung noch verstärkt, die zudem die akustische Wirksamkeit wesentlich verbessert. Alle anderen Trennwände (mit Ausnahme der Vorstandsetagen, wo sie mit lichtgrauem Stoff bespannt sind) bestehen aus fast weißem Kunststofflaminat mit einem dezenten Grauton.

Auch hier wurde auf die Diskretion der Materialien geachtet: eine rein weiße Wand ist viel präsenter als eine mit Grautönung. Zudem steht sie wegen ihrer höheren Schmutzunempfindlichkeit auch in der Leistungsfähigkeit besser da.

Kompromisse schließen mußten Ingenhoven Overdiek und Partner in zwei Bereichen: Die WCs wurden gefliest, anstatt auch hier vorgefertigte Keramikflächen einzuhängen, und die Decken in den Untergeschossen bestehen aus Rigips. Allerdings konnte durch deutlich sichtbares Abhängen der Decke die Distanz zum Hintergrund gewahrt bleiben. Auch das stimmigste Gesamtkonzept funktioniert natürlich nur soweit, wie die Voraussetzungen gleich bleiben. Aber auch in den Sonderbereichen, wo spezielle Anforderungen an den Ausbau gestellt wurden, bleibt die Handschrift der Architekten offensichtlich. Beim Pförtnertresen, der Essensausgabe, den Bartresen oder den Automatenwänden, die ebenfalls von dem Büro entworfen wurden, konnte größtenteils die Materiallinie beibehalten werden, teilweise ergänzt um Lederoberflächen.

Daß man auch die Hierarchiestrukturen eines Unternehmens bedienen muß, führt natürlich dazu, daß auf den Vorstandsetagen Sonderlösungen nötig wurden. Allerdings gelang es den Architekten auch hier, das Besondere zu schaffen, ohne das Gesamtkonzept des Hauses zu konterkarieren. Linoleumauflagen auf den Tischen oder eine eigene Farbigkeit bei den Verkleidungen und Teppichen (grün statt blau, silbrig statt weiß) integrieren sich perfekt in die abgestimmte Emotionalität der Ausstattung und verfehlen dennoch nicht das Ziel, das Ambiente repräsentativ zu veredeln.

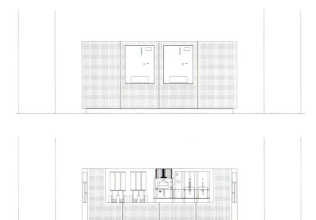

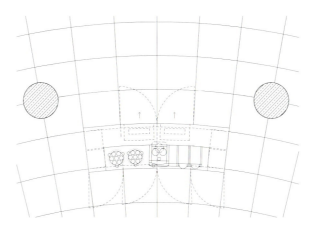

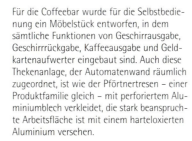

Für die Coffeebar wurde für die Selbstbedienung ein Möbelstück entworfen, in dem sämtliche Funktionen von Geschirrausgabe, Geschirrrückgabe, Kaffeeausgabe und Geldkartenaufwerter eingebaut sind. Auch diese Thekenanlage, der Automatenwand räumlich zugeordnet, ist wie der Pförtnertresen – einer Produktfamilie gleich – mit perforiertem Aluminiumblech verkleidet, die stark beanspruchte Arbeitsfläche ist mit einem harteloxierten Aluminium versehen.

Während der Rohbauarbeiten wurde eine ganze Musterraumzone gebaut, um im Zusammenhang einen realisitischen Eindruck von Raum, Materialität und Farbigkeiten zu erhalten. Alle Innenarchitekturelemente und die Möblierung der Konferenz- und Besprechungsräume, Vorstandsbüros, Speiseräume sowie der Sanitärbereiche wurden in den entsprechenden Musterräumen bemustert und zur Entscheidung gestellt.

Büro: Im Musterraum wurden das erste Mal alle Ausbaumaterialien und Details zusammengestellt und boten eine Vorschau auf die zu erwartende Athmosphäre am zukünftigen Arbeitsplatz. Dabei konnte die Planung schon bis ins kleinste Detail überprüft und optimiert werden.

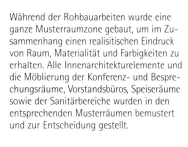

Bei der aufwendigen Medientechnik mußten die Architekten diverse zusätzliche Planungsleistungen erbringen. Aber auch hier waltete Diskretion statt Auftrumpfen. So beschäftigten sich die Planer zeitaufwendig damit, die Technik wegfaltbar zu gestalten, damit die Apparatur für Videokonferenzen, Rückwandprojektionen, Dolmetscherkabinen und Regie – sie sind optisch sichtbar, aber sehr zurückhaltend integriert – nicht als fest installierte Größen den Raum beanspruchen. Projektionsflächen, Tischmonitore, Lautsprecheranlage und Sicherheitsüberwachung werden nur bei Gebrauch sichtbar.

"Es war ein permanenter Kampf, die Dinge so weit wie möglich unsichtbar zu machen", beschreibt Christoph Ingenhoven den kräftezehrenden Prozeß, der aber schließlich bis hin zu den Entfluchtungsdiagrammen und Feuerwehrschildern überwiegend erfolgreich endete. Statt knallgrüner Männchen auf weißem Hintergrund erfüllen nun weiße auf durchsichtigem dieselbe Funktion und stören dabei nicht die Harmonie eines konzeptionell-ästhetischen Milieus. Die einzige wirkliche Niederlage im Innenausbau mußte Christoph Ingenhoven bei seinem Wunsch nach Transparenz hinnehmen. Der wiederholt geäußerte Wunsch, zumindest die Trennwände zwischen den Büros und den Fluren gläsern zu gestalten, fand bei dem Unternehmen kein Gehör. Den leitenden Angestellten dieses großen Konzerns hielt man es nicht für zumutbar, daß ihnen jemand bei der Arbeit zusehen könnte. Deswegen hinterließ ein letzter Kompromiß nur spärliche Oberlichter. Doch auch hier beinhaltet die konzeptionelle Flexibilität noch die Möglichkeit der Umkehr: alle Trennwände sind elementiert und deshalb demontierbar, und somit kann eine neue Firmenhaltung auch zu einem völlig neuen, inneren Erscheinungsbild führen.

Bei der losen Möblierung entschied sich Christoph Ingenhoven gegen den Neuentwurf, obwohl ihm die Möglichkeit zugestanden wurde. Bei der Suche nach Möbeln, die "Leichtigkeit und Eleganz mit konstruktivem Ehrgeiz verbinden und dabei Freiheit und Unauffälligkeit vermitteln", wurde man dann fast zwangsläufig nur bei Klassikern fündig. Möbel nach Entwürfen von Charles Eames, Le Corbusier und Harry Bertoia fügen sich in den allgemein zugänglichen Bereichen gleichsam logisch in die Zeichensprache der Architektur. Auch hier galt das Konzept zurückhaltender Farbgebung. Das Leder in Schwarz oder Natur, das Metall Aluminium. Lediglich bei den Stühlen der Cafeteria wurde eine Ausnahme gemacht. Orangerote Stoffbezüge auf den Wired-Chairs zollen dem Umstand Tribut, daß dieser riesige Raum nur zwei Stunden am Tag belebt ist und somit das Konzept der Färbung durch die Nutzer nicht aufgehen kann.

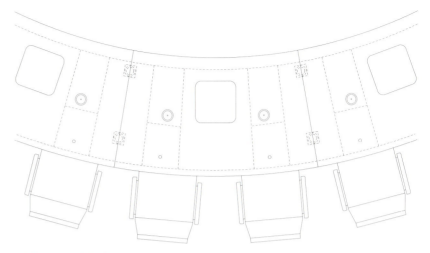

Aufsichtsratstisch (M 1:30)

Für die Möblierung der Büros hatten die Architekten beratende Funktion, so daß das verwendete System sowohl in der Farbgebung (grün und blau) wie in der Funktionalität nicht das Gesamterscheinungsbild konterkariert.

Dieses vollständige Bild der RWE-Zentrale von innen wirkt in seiner Strenge heiter, in seiner Schlichtheit schön. Die kühle Ordnung der Dinge schafft Entfaltungsraum, die konkrete Arbeitswelt in Essens gläserner Säule lebt von einer aufmunternden Neutralität des dezenten Hintergrunds.

Im Gartengeschoß und im 27. OG wurden Telefonkabinen mit allen erforderlichen Kommunikationseinrichtungen eingerichtet.

Der Aufsichtsratstisch wurde mit der Firma Wilkhahn gemäß der räumlichen Geometrie und den technischen Anforderungen für den Konferenzraum im 27. Obergeschoß entwickelt. Ziel war es, eine zerlegbare Konferenztischanlage zu bauen, die hohe technische Anforderungen erfüllt, ohne die Ästhetik zu beeinträchtigen. Elektrisch ausfahrbare Flachbildschirme und Vorrichtungen für bedarfsweise benötigte Mikrophone sind unauffällig in die lederbezogene schwarze Tischplatte eingelassen. Die vertikale Beinblende aus perforiertem Aluminiumblech scheint vor dem Tisch zu schweben, wodurch ein Eindruck leichter Eleganz entsteht. Sie folgen insgesamt dem Material im Haus – Glas und Aluminium an den Vertikalflächen, Leder an Schreibflächen.

Hufschlag
Lothar Baumgarten

Hufschlag

Der Titel meiner Arbeit für das neue RWE-Hochhaus in Essen ist "Hufschlag". Es ist eine Arbeit "in situ", die in ihrer Materialität sowie auch inhaltlich ortsbezogen argumentiert. Sie ist ganz in den vorgefundenen architektonischen Kontext gestellt und fügt sich in Form und Material der gegebenen architektonischen Grammatik des Gebäudes.

Durch ihre Maßgabe und den daraus abgeleiteten Kanon nimmt sie vorgegebene Konfigurationen der Architektur auf und spiegelt diese in ihrer Anordnung wider. Rhythmisch steigert sie im Gegeneinander die Inhalte der hier zur Anwendung gekommenen Neologismen. Es sind Worte, deren Provenienz sich herleitet aus den Wirtschaftsbeilagen der Tageszeitungen und der Sprache des Corporate Business sowie des Kapitalmarktes und der Verwaltung. Sie stehen als Substitut für eine schneller gewordene Sprache, die auf Effizienz bedacht, nun aber nur noch selten von Klarheit zeugt. Diese sogenannten Neologismen entbehren nicht oft einer poetisch gedrechselten Komik, die häufig Anlaß zu Mißverständnissen über ihre tatsächliche Bedeutung gibt. Oft klären sie nicht, sondern ganz im Gegenteil, verklären sie einen Zusammenhang. Sie erscheinen roh und griffig oder sind eben von zynisch naiver Qualität. Sie sind "Bedeutungsträger", die zu Skulpturen erstarrt, eher den zu kauenden Steinen beim Lesen gleichen. Sie sind von kurzer Lebensdauer und nicht im Lexikon auffindbar. Das ihnen eigene "Aroma" von Klang und Inhalt ist immer ein Kind seiner Zeit und sagt so viel über sie aus.

Es ist ein kulturkritischer Diskurs, der auf den Ort bezogen in seiner Umsetzung die Region zum Gegenstand hat.

"Hufschlag", grau wie Basalt und mit der Härte, dem Klang von geschmiedetem Eisen auf Kopfsteinpflaster, mit einer Schrift, die Buchstaben silbrig glänzend wie Stein unter Regen im Sonnenlicht.

Feueremail auf rohem Beton ist die Verbindung, sind die Materialien, die in der Eingangshalle aufeinandertreffen und das hier zuvor gesagte in ihrer Sprache mit anderen Worten fixieren.

Die emaillierten Blechbänder beziehen sich auf die Schaltafeleinteilung der Sichtbetonwände und nehmen so Bezug auf die Grammatik des Gebäudes.

Oben: Das originäre Kunstkonzept geht von der Auseinandersetzung von zwei Künstlern mit dem Gebäude aus. Dabei entschied der Kunstkreis, in der Eingangshalle Lothar Baumgarten tätig werden zu lassen, und in den Außenanlagen eine Arbeit von Richard Long zu verwirklichen (siehe Seite 118 / 119).
Rechts: Durch die Transparenz der Eingangshalle und die Dreidimensionalität der offenen Geschoßverbindungen wird die Arbeit von Lothar Baumgarten sowohl von außen als auch vom Gartengeschoß sichtbar.

Neandertal Line
Richard Long

Konrad Fischer, mein Freund und Händler in Düsseldorf, machte mich als erster auf das RWE-Gebäude aufmerksam und empfahl es mir als eine gute Basis für eine Arbeit. Und so ist meine "Neandertal Line" auch teilweise Konrad gewidmet, der 1997 starb.

Beinahe alle meine Arbeiten, sei es in der Landschaft oder im Innenraum, sind ein Dialog mit einem bestimmten Ort. In diesem Fall kam allerdings meine Steinlinie zuerst, noch bevor der Standort am RWE-Gebäude entstand.

Es ist reiner Zufall, daß ich im Steinbruch im Neandertal nicht nur Stein aus der Gegend vorfand (meiner üblichen Vorgehensweise folgend), sondern auch einen berühmten Ort, voller Anspielung auf die frühe Menschheitsgeschichte. (Steinzeitmensch trifft Künstler der späten Steinzeit...)

Gelegentlich habe ich für meine wandernden Kunstwerke historische Orte als symbolische Anfangs- oder Endstationen der Wege verwendet. So zum Beispiel für zwei Wege (1972 und 1999), deren Ausgangspunkt Stonehenge war. Mein Weg "Windmill Hill to Coalbrookdale" begann 1979 im Süden Englands an einem Ort, an dem zum ersten Mal Wälder gerodet wurden, um Freiraum für Felder zu schaffen, ein Ort also, den man als Wiege der pastoralen Kultur betrachten kann. Der Wanderweg endete in Ironbridge, dem Geburtsort der Industriellen Revolution.

Mir gefällt es, daß "Neandertal Line" drei Aspekte in sich vereint: geologische Zeit, eine Verbindung zur Menschheitsgeschichte und zeitgenössische Kunst von 1999.

Da die Arbeit von Richard Long erst Ende 1999 ausgeführt wird, wird hier eine vergleichbare Arbeit von Richard Long wie die Neandertal Line gezeigt. Diese Arbeit wurde im Frühjahr 1994 in der Kunstsammlung NRW präsentiert.

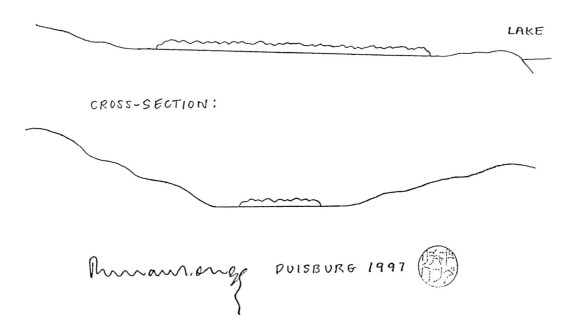

Während sich die Arbeit von Lothar Baumgarten an den Sichtbetonwänden in der Eingangshalle mit den geschichtlichen Wurzeln und den Strukturen des Gebäudes auseinandersetzt, bezieht sich Richard Long in seiner Arbeit stark auf seine Arbeiten im Zusammenhang mit der Neandertal Line.

Die Arbeit von Richard Long, eine Spur aus Gesteinsbrocken, die in ihrer Länge in etwa dem Durchmesser des Turms entspricht, bezieht sich auf die Geometrie des Sees und des Parks. Sie weist in die Tiefe des Parks und schafft somit eine Verbindung zwischen Gebäude, Landschaft und Raum.

Die Skizzen zeigen die geplante Struktur der ca. 32 Meter langen Gesteinsspur. Die genaue Positionierung der Spur und ihre Einbindung in das Landschaftskonzept wurde mit Richard Long bei verschiedenen Terminen auf der Baustelle diskutiert und festgelegt. Das Feinplanen wurde auf der Baustelle erstellt und von den Architekten überwacht.

Design
Achim Nagel

Die Realität zeigt, daß die Erstellung moderner Gebäude in zunehmendem Maße nicht mehr als ein Prozeß des Zueinanderbringens handwerklicher Produktionsvorgänge möglich ist. Selbst wenn man sich dieses wünschen wollte, sind das Fehlen ausreichender Kapazitäten von handwerklichen Spezialisten und das hohe Lohnniveau derselben schier unüberwindliche Hindernisse, die man zwar beklagen, aber nicht mehr überwinden kann.

Wir sind deshalb der Meinung, daß vor diesem Hintergrund moderne Gebäude – und dies gilt im Besonderen für Hochhäuser – aus modularen Einzelkomponenten zusammengefügt werden müssen. Erst die sorgfältige Planung dieser Elemente und Bauteile sowie die Überwachung der Herstellung in der Fabrikation ergibt die Qualität der Ausführung, die uns die handwerkliche Herstellung schon längst nicht mehr gewährleistet.

Daher ist es nur sinnvoll, den Rohbauanteil als letzten mehr oder weniger manuell erstellten Teil der Bauleistung zu reduzieren. Heute betragen die Kosten des Rohbaus 20 - 25 % der Baukosten gegenüber einem Anteil von 30 - 40 % noch vor wenigen Jahren.

Besondere Bedeutung bei dieser Verschiebung der Anteile kommt der Fassade zu, die nicht mehr monolithisch erstellt, sondern als modulares System einheitlicher Fassadenelemente geplant und in kürzesten Montagezeiten am Rohbau montiert wird.

Beim Hochhaus der RWE AG wurde das elementierte Grundmodul in einer Vielzahl von 1:1 Musterteilen entwickelt, verbessert und bis zur Serienreife gebracht. Die so in ihrer Qualität optimierten Fassadenelemente wurden komplett mit Sonnenschutz, Verglasung, Brandabschottung, Verkleidungsblechen etc. angeliefert, mit einer Umwehrung vor dem darüber fortlaufenden Rohbau geschützt und dann sofort montiert. So war es möglich, schon kurz nach Erstellung des Rohbaus und des Entfernens der Rüstung mit der integrierten Montage der Technikinstallation und der Innenausbaukomponenten zu beginnen.

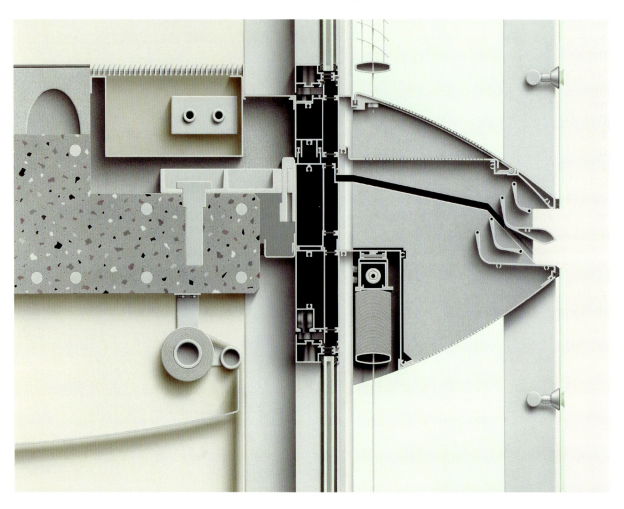

Das sogenannte Fischmauldetail zeigt neben den einzelnen Komponenten der zweischaligen Fassade das geplante Hinzufügen der verschiedenen Technik- und Innenausbaukomponenten. Dabei wird der konstruktiv notwendige Aufbau der Stahlbetondecke mit Hohlraumboden und Teppichboden oberseitig und unterseitig der abgehängten Decke mit den Technikinstallationen und dem Blendschutz in seiner nach außen hin wirksamen Ansichtsbreite durch das Fischmaul auf 13 Zentimeter minimiert, so daß sich daraus ein 100prozentiges gläsernes Erscheinungsbild ergibt.

Die beiden Illustrationen zeigen die Entwicklung des Deckensystems vom in die Decken integrierten Surfboard mit den rippenförmigen Kühllamellen zu dem modularen Deckensystem, das später ausgeführt wurde.

Christoph Ingenhovens erste Konzeptskizze des Surfboards

Um den Bauprozeß weiter zu beschleunigen, haben wir für den Ausbau Komponenten entwickelt, die gewährleisteten, daß die Montage reibungslos nach vor der Produktion in der Werkstatt geprüften Mustern erfolgen konnte.

So haben wir ein elementiertes Deckensystem entworfen, das aus folgenden Komponenten besteht:

Traverse

Die Traverse wird am Rohbau befestigt und ist in horizontaler und vertikaler Richtung justierbar. Die Traversenkonstruktion trägt dann die Vorinstallationen der Technikmontage und ist gleichzeitig Unterkonstruktion für die Deckenbleche.

Technikkanal

Der mittige Technikkanal nimmt die parallel zum Innenausbau verlaufende Endinstallation der Technikkomponenten auf. Neben Mehrkomponenten-Beleuchtung, Kühlelementen, Lüftungsauslässen, Sprinklern, Brandmeldern, Lautsprechern, Filtern etc. bietet das modular aufgebaute Blech die Möglichkeit, auch später sinnvolle Technikkomponenten zu integrieren. Gleichzeitig gibt der Technikkanal im integrierten Planungsprozeß die Ordnung der Technikplanung vor.

Bleche

Die perforierten Bleche können kurz vor Bezug der Räume montiert werden und definieren das äußere Erscheinungsbild der Decke.

Links: Der Grad der Perforation der Decke wurde durch das darüberliegende Kühlsystem und die Notwendigkeit des konvektiven Anteils durch die Bleche hindurch definiert.
Unten: Die Fassade in ihrer Erscheinung tags ohne und nachts mit Beleuchtung

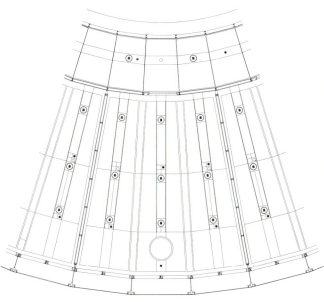

Ausschnitt Deckenspiegel Normalgeschoß (M 1:120)

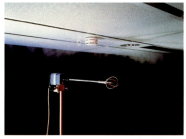 

Die Funktionalität des Deckenelements wurde in mehreren Versuchen in Laborräumen bei ROM in Hamburg und TKT-Krantz in Bergisch Gladbach untersucht und bezüglich des Zusammenwirkens von Kühlung, Lüftung, Branddetektiven und Sprinklerung simuliert. In dem Foto links sind die Fühler zum Messen der Luftgeschwindigkeit zu sehen. Rechts wird ein Rauchversuch zur Untersuchung der Luftverwirbelung gemacht.

Zur Förderung der individuellen Bedienbarkeit der Technik haben wir ein Steuerungstableau entworfen, das neben der Tür in die Trennwand integriert wird. Ähnlich wie beim Deckenelement sind hier sämtliche Steuerungen der Technikfunktionen modular aufgebaut und übersichtlich angeordnet.

Neben den Funktionen der Raumkonditionierung und der Fassade (Warnton zum Schließen der Fenster, Sonnen- und Blendschutz, Temperatursteuerung und Beleuchtungsmilieus) können auch Sonderfunktionen wie Präsenzmeldung, Ruftasten, Zutrittskontrolle etc. integriert werden.

Die Idee des Steuerungstableaus haben wir in der Folgezeit mit der Firma Siemens weiterentwickelt, so daß mit dem heutigen Serienprodukt eine Steuerungseinrichtung verfügbar ist, die unterschiedlichen Situationen angepaßt werden kann: sie ist EIB-kompatibel, nicht nur über Taster, sondern auch über Infrarot, Computer und Telefon schaltbar und in die Gebäudesystemtechnik integriert.

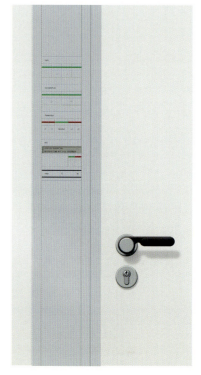

Für die Steuerung der technischen Raumfunktionen wurde ein Steuerungstableau (oben) konstruiert, welches zusammen mit der Firma Siemens zu einem serienreifen Produkt entwickelt wurde (rechts). Neben der Materialität der Aluminiumoberflächen wurden in der Produktentwicklung die Vollständigkeit der Anwendungen und Funktionen sowie ihre Bedienung optimiert (siehe Abbildung S. 123).

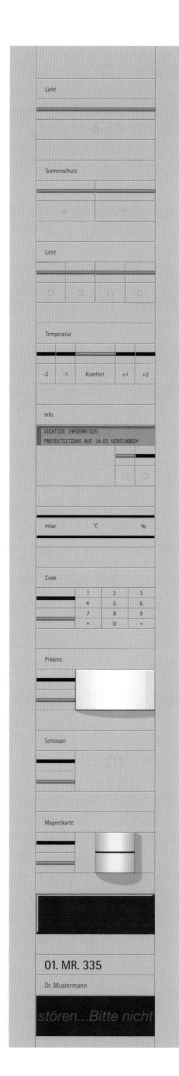

Die Illustration zeigt das Steuerungstableau mit allen Funktionsmodulen.

Der 1fach Taster ist das Standardmodul der neuen Serie. Er deckt verschiedene Grundfunktionalitäten wie Lichtschaltung, Szenenabruf, Serviceruf oder "Belegt"-Anzeige ab. Eine farbige LED-Leuchtzeile dient als Orientierungs- oder Statusanzeige.

Der 2fach Taster ermöglicht neben dem Schalten und Dimmen zweier Lichtszenen auch die Steuerung motorischer Antriebe z. B. für Sonnenschutz, Leinwände o.ä. Zwei farbige LED-Leuchtzeilen dienen als Orientierungs- oder Statusanzeige.

Der 4fach Taster ermöglicht die Steuerung von beispielsweise vier Lichtszenen, Dimmen zweier Lichtgruppen oder die Steuerung zweier Antriebe. Für jede dieser Funktionen steht eine LED-Leuchtzeile zur Verfügung.

Das Modul "Temperatur" ermöglicht die Sollwertverstellung um jeweils +/- 2K. Der Komforttaster aktiviert die Sollwerte für die verschiedenen Betriebszustände der Raumklimatechnik.

Das Modul "Info" beinhaltet ein zweizeiliges LCD-Display, welches Informationen, beispielsweise Daten zum Raum- oder Außenklima, anzeigen kann. Es verfügt darüber hinaus über zwei Taster für Quittierung und Wechsel der Anzeigen.

Mit dem Multisensormodul werden Temperatur, Luftfeuchte und Luftdruck gemessen. Damit sind diese Werte auf dem instabus EIB für die Gebäudetechnik verfügbar.

Über das Modul "Code" kann mit Hilfe einer Tastatur der Zugang zu sicherheitsrelevanten Bereichen des Gebäudes geregelt oder die Nutzung bestimmter Funktionen auf einen definierten Nutzerkreis beschränkt werden.

Das Modul "Präsenz" besteht aus einem hochsensiblen Erfassungselement. Es aktiviert und deaktiviert Funktionen wie Licht und Klima bei Betreten und Verlassen des Raumes. Es ermöglicht darüber hinaus die Raumüberwachung.

Das Modul "Schlüssel" ermöglicht die gleichen Funktionen wie das Modul "Code", jedoch mittels eines Schlüsselschalters anstelle einer Code-Tastatur.

Das Modul "Magnetkarte" besteht aus einem Kartenleser und erschließt über die Zutrittskontrolle hinaus die Vorteile der Magnetkarte, z.B. die Zeiterfassung und die Datenverarbeitung.

Die Funktionen des Tableaus sollen auch über eine Fernbedienung gesteuert werden können. Das Infrarotmodul empfängt und decodiert die von dieser Fernbedienung abgegebenen Signale.

Das Raumschild besteht aus einer Kennzeichnungsfläche für Raumnummer und Namen sowie einer LED-Lauftextanzeige für Informationen. Im allgemeinen flurseitig eingesetzt, kann es jedoch auch im Bereich von Zwischentüren in das Raumtableau integriert werden.

Das Steuerungstableau kann in verschiedenen Einbausituationen verwendet werden. Durch den flexiblen Installationskanal können auch nachträglich ohne großen Aufwand neue Leitungen geführt und neue Funktionsmodule installiert werden

Für den Baldachin des Loggiadaches haben wir fischbauchförmige Aluminiumlamellen entwickelt. In diese sind nach Südwesten ausgerichtet monokristalline Photovoltaikpaneele integriert, die die durch die Sonneneinstrahlung erzeugte Energie über Wechselrichter in das Gebäudenetz einspeisen. So ist neben der gewünschten ästhetischen Wirkung auch ein integriertes, geplantes Produkt entstanden, das auch bei anderen Projekten sinnvoll Einsatz finden kann.

Neben dieser integrierten Systemlösung haben wir für weitere Technikfunktionen, wie Zugangskontrollen, Zeiterfassung und Gegensprechanlagen, eine Produktfamilie aus Stelen entwickelt, die freistehend die Ordnung der vielfältigen, teilweise auch erst sehr spät bekannten attributiven Elemente ermöglicht.

Die beschriebenen, hier zwar speziell für das Hochhaus der RWE AG konstruierten Produkte zeigen, wie auf der Basis einer sorgfältig herausgebildeten Formensprache wiederkehrende Gestaltungsaufgaben zu sinnvollen Produktentwicklungen genutzt werden können.

Der Vorplatz wird überdeckt mit einem Loggiadach, in dessen Stahlkonstruktion konische Lamellen eingehängt sind.

Auf der Oberseite der nach Südwesten ausgerichteten Lamellen sind polykristalline Zellen eingebaut, die Sonnenenergie speichern und die gewonnene Energie über einen Wechselrichter in das Netz des Gebäudes einspeisen.

Nutzer
Dieter Schweer

"Einfache Gebäude sind nach einfachen und logischen Regeln organisiert und damit unmittelbar und eindeutig erfaßbar", sagt Christoph Ingenhoven, der Architekt der RWE-Zentrale.

Wohl wahr. Schon von außen läßt sich erkennen, wie der Turm aufgebaut ist, erkennt man Eingangsbereich, Bürogeschosse, Technikzone, Vorstandsetagen, den freistehenden Aufzugsturm. Das alles ist klar und schnörkellos, ein schlichter Zylinder, der in jedes Büro Einblick gewährt und so für Transparenz und Offenheit steht.

Dem Hang zu Anglizismen verdankt der Bau den englischen Spitznamen: "Power Tower", so nennen ihn die Leute im Ruhrgebiet. Doch auch ein deutscher Begriff bürgert sich mehr und mehr ein: "Der gläserne Riese". Da liegt es nahe, daß das Buch zum 100. Geburtstag des Konzerns diesen Begriff aufgreift und zum eigenen programmatischen Titel macht. So unmittelbar und eindeutig erfaßbar wie ihre Zentrale, so will auch die RWE AG in der Öffentlichkeit erscheinen. Nicht verschlossen und geheimnisvoll wie in früheren Zeiten – nein, modern, diversifiziert und transparent. So wie der Turm eben.

Daß der Konzern das Gebäude nutzt, um seine neue Offenheit zu demonstrieren, ist keine aufgesetzte Attitüde. Mit dem Umzug startet RWE eine neue, integrierte Kommunikationsstrategie mit dem Ziel, das Unternehmen in seiner Vielfalt transparent zu machen, und von einer Abschottungs- zu einer Dialogkultur zu kommen. Dazu dient ein neues Magazin ("agenda"), dazu dient eine neue Imagekampagne, dazu dienen Sponsormaßnahmen. Und immer wieder auch der Turm.

Zuerst gab es nur ein Bekenntnis zum Standort Deutschland: "Wir ziehen um, aber nicht weg", lautete die Kampagne zum Umzug, die in den Ruhrgebietsblättern geschaltet wurde und nähere Informationen zum Konzern anbot. Das Echo war überwältigend. Tausende von Leuten nahmen das Angebot an, den Turm zu besichtigen und sich über die Holding, ihre Töchter und ihre Aktivitäten zu informieren. Das Interesse reichte von der Familie, die am Wochenende Essen von oben sehen wollte, bis zu Fachführungen für Architekturstudenten oder Bauingenieure. Immer war die Besichtigung verbunden mit einer Präsentation des Unternehmens, immer wurde sie begleitet vom Angebot zum Dialog. Nur im Rahmen dieses Projektes sind in den ersten beiden Jahren nach dem Einzug rund 50.000 Menschen durch den Turm geführt worden.

Erstaunt registrieren die Besucher, daß das Unternehmen ernst machte mit dem Dialogangebot, daß es Zahlen, Daten, Fakten präsentierte und für Fragen und Kritik offen war. Und interessiert erschlossen sie sich das Haus, das zum Erstaunen vieler gar nicht kalt wirkt, wie sie vermutet hatten, sondern vielmehr in warmen und angenehmen Tönen gehalten ist.

Schon während der Planungs- und Bauzeit und besonders nach der Fertigstellung war das Hochhaus der RWE AG Thema der Diskussionen in der deutschen und internationalen Fachpresse.

Das Hochhaus RWE AG als Beispiel für ökologisches Bauen im Greenpeace-Magazin für Umwelt und Politik, Mai 1997.

 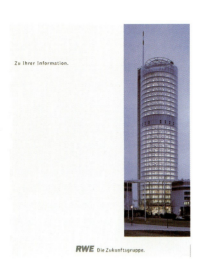  

Klarheit und Logik des Baukonzepts haben wesentlich zum Erfolg des Turms beigetragen. Der technologische Feinschliff und die kühle Grazie des Baus überzeugten nicht nur die Architekturkritiker, sondern haben auch Besucher und Mitarbeiter sogleich für den Turm eingenommen, der ihnen doch schon von der Dimensionierung der Büros her, die alle außen liegen und daher wie ein Tortenstück geschnitten sind, einige Umgewöhnung abverlangte.

Auch außerhalb des Unternehmens war der Turm auf Anhieb ein Erfolg. 120 Meter hoch ragt der eigentliche Bau, den ein sieben Meter höherer Aufzugsschacht und eine Antenne auf 162 Meter treiben – Höhenrekord für Bürogebäude im Ruhrgebiet. Und obwohl das Umfeld eher von engen Straßen mit zwei- oder dreistöckiger Bebauung geprägt ist, wirkt der Turm nicht wie ein Fremdkörper, bedrückt er nicht, sondern wirkt trotz seiner 35.000 Tonnen Gewicht leicht, freundlich und einladend. Das nutzt das Unternehmen und öffnet sich den Nachbarn aus der näheren und weiteren Umgebung. Zu Hunderten kamen und kommen Besucher an den Wochenenden, um die Aussicht von der Plattform zu genießen. Schriftlich mußten sie sich in der Anfangsphase anmelden, um unnötige Wartezeiten zu vermeiden. Doch dann stehen sie oben, auf dem Dach der RWE-Konzernzentrale, und genießen den weiten Blick über Stadt und Region.

Von Anfang an hat die Bevölkerung den Turm akzeptiert, das neue Wahrzeichen Essens, weithin sichtbar, von wo auch immer man sich der Stadt nähert, von den Hügeln im Süden, von den Autobahnen aus Richtung Osten und Westen, von Norden – stets ist er das erste Zeichen von Downtown Essen, weit mehr als nur ein weiteres Hochhaus in der Silhouette der Stadt. Nicht mehr das altehrwürdige, gotische Münster und schon gar kein Förderturm. Nein: der High-Tech-Glaszylinder ist zum neuen Symbol der Ruhrmetropole geworden.

Auch die Sportler haben den Turm als Herausforderung angenommen. Alljährlich absolvieren sie den Treppenhausmarathon mit Freuden; 629 Stufen, von der Eingangshalle bis zur Aussichtsplattform. Der schnellste hat es in dreieinhalb Minuten geschafft. Und sogar die Flugzeuge im Anflug auf Düsseldorf scheinen den Turm als Wegmarke zu nehmen, jedenfalls schwenken sie nicht weit von ihm auf ihren Landekurs von 235 Grad ein.

Erfolge also, wohin man blickt. Dennoch: Schnell fertig ist man mit dem Turm nicht. Bei näherer und längerer

Die Werbeagentur Rempen und Partner, Düsseldorf entwickelte für die RWE AG eine Reihe von Plakataktionen und Broschüren, die das Gebäude als Verkörperung des neuen Erscheinungsbilds des Konzerns darstellen.

Mit dem Bau ihrer neuen Konzernzentrale an diesem Standort dokumentierte die RWE auch ihre Verbundenheit mit Essen und der gesamten Region. Die Plakate bereiten den Umzug vor und zeigen die Menschen des Ruhrgebietes in typischen Situationen.

Betrachtung entdeckt man Stolpersteine, entwickelt er durchaus Kanten – genau genommen handelt es sich ja auch um ein Polygon mit 51 Ecken. Ein lapidarer Lehrsatz bestimmt das Konzept: Von allen ebenen Figuren mit dem gleichen Umfang hat der Kreis den größten Flächeninhalt. Also ist das Verhältnis von Außenfläche zu Raumvolumen in einem Zylinder am günstigsten. Das wird zur Grundlage für alle Berechnungen um Aerodynamik, Energiebedarf, Lichteinfall und Flächenverteilung. Nichts anderes als der Versuch, ein "ökologisches Hochhaus" zu bauen, steckt in diesem Ansatz, obwohl contradictio in adjecto: hoch und ökologisch schlossen einander aus. Wegen des Windes, so die bisherige Argumentation, würde es unmöglich sein, die Fenster zu öffnen – also müßte eine Klimaanlage her. Da es keinen natürlichen Schatten gibt, müßten die Fenster eigentlich verdunkelt und die Büros beleuchtet werden. Das künstliche Klima würde Energie verschwenden und sich lähmend auf die Motivation der Mitarbeiter im Hochhaus legen – Arbeitsmediziner reden da vom Sick Building Syndrom.

Dem begegnet Architekt Christoph Ingenhoven durch die Entwicklung einer neuen Technik: eine zweite Außenhaut mit den Öffnungen des sogenannten "Fischmauls". Diese Lösung, beim Bau des Turms ein Novum, inzwischen aber nahezu State Of The Art, erlaubt es ihm, das Haus so zu konstruieren, daß die RWE-Mitarbeiter in jedem Stockwerk die Fenster öffnen, bei Tageslicht arbeiten und die Stadtgeräusche wahrnehmen können. Und der Energieverbrauch wird um 30 Prozent gesenkt. Ganz ohne Klimaanlage geht es aber doch nicht. Immerhin produziert das Haus einen Teil seines Strombedarfs selbst: Solarstrom. Wer den Portikus, das die beiden Flügelbauten verbindende und den Eingangsbereich überspannende Pergoladach passiert, muß schon genau hinsehen, um zu entdecken, daß die einzelnen Verstrebungen Photovoltaikzellen sind. Die Mitarbeiter können sich täglich über den Ertrag von 336 Solarmodulen informieren. In der Konferenzzone gibt eine Anzeigetafel Auskunft über die gerade erzeugte Strommenge und die bislang eingespeisten Kilowattstunden – vielleicht nicht mehr als ein energetisches Aperçu – aber es erlaubt, den RWE-Vorstand darauf hinzuweisen, daß auch ein Konzern wie RWE "seine ökologische Verantwortung ernst nimmt".

Für Christoph Ingenhoven ist die doppelte Haut "die entscheidende Wende im Hochhausbau, der bislang vom amerikanischen Prinzip der strikten Trennung von Innenraum und Umwelt dank Klimaanlage dominiert war".

Die doppelschalige Glasfassade bildet 50 Zentimeter tiefe Klimakammern, jeweils stockwerkhoch und fensterachsenbreit. Über das "Fischmaul", lamellenförmig versetzte Öffnungen, wird unten frische Luft von außen angesaugt, oben erwärmte und verbrauchte Luft wieder nach außen geleitet. Das ganze Haus umhüllt ein isolierender, sich ständig erneuernder Luftfilm. Damit kommt die Fassade der atmenden Mauer, der "muir respirant", von der Le Corbusier einst sprach, sehr nahe.

Das Schöne daran: Den High-Tech-Einsatz sieht man gar nicht, man nimmt nur die diaphane, die durchscheinende Hülle wahr. Durch die Luftisolierung kann auf Spiegelglas sowie getönte Außenschichten verzichtet werden, der Blick auf das Gebäude selbst ist frei.

Durch die zweite Haut bekommt das Gebäude einen geheimnisvollen, seidigen Schimmer. Es ist, als liefe das

Vom Foyer der Konferenzzone ist auch das Loggiadach des Vorplatzes zu sehen. Aus diesem Grund ist hier auch eine Informationstafel eingebaut worden, auf der neben der aktuell erzeugten Energie auch die Summe der bisher gewonnen Energie abgelesen werden kann.

Unten: Für die Besucher des Gebäudes wurde als Präsent ein Sticker mit dem kreisrunden Grundriß des Gebäudes entworfen.

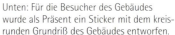

Innenleben hinter einer Filmleinwand ab. Der Eindruck wiederholt sich, wenn man aus den Fluren auf den Aufzugsschacht schaut. Da wirkt das Außenfenster wie eine Guckkastenbühne: Essen von oben. Die Tatsache, daß sich die Innenfenster in den Büros zu einem Schlitz von 13 Zentimetern öffnen lassen, hebt die Trennung von innen und außen auf. Mit einer aufwendigen Steuerung können die RWE-Mitarbeiter die Raumbedingungen verändern, Licht, Sonneneinfall und Temperatur individuell regeln.

Bis auf die Vorstandsetagen ist der Aufbau aller Geschosse gleich. Man erreicht sie vom Außenfahrstuhl aus, der Gang führt zu einem ringförmigen Flur, an der Außenseite liegen die Büros. Im Inneren gibt es jeweils einen linsenförmigen Konferenzraum und Toiletten, Teeküche, Kopier- und Aktenräume sowie Versorgungsschächte. Die Büros selbst sind mäßig tief, geben über Oberlichter dem Flur genügend Helligkeit.

Die Fenster reichen bis zum Boden, um Licht und Wärme optimal ausnutzen zu können. Der Einfallswinkel wird durch abgeschrägte Decken noch vergrößert. Die Einrichtung ist fein und edel, die Schreibtische sind eine Sonderanfertigung, selbst die Bürostühle und Besuchersessel wurden nach den Bedürfnissen von RWE modifiziert.

Die formale Präzision besticht. Konsequent werden die Materialien eingesetzt, Aluminium, Beton, Gneis, Holz und Glas. Gerade die Details beeindrucken durch Geschmackssicherheit: ob es sich um die Halterungen der Fassadenelemente handelt oder um Türklinken, ob es Steckdosen sind oder die Mischbatterien in den Waschräumen. Die Vitra-Stühle im Kasino oder Le Corbusier-Sessel in der Eingangshalle: nichts wirkt protzig, aber alles funktional.

Im Sitzungssaal im 30. Stockwerk (nach hausinterner Zählung dem 27. Stockwerk, denn Erdgeschoß und die zwischen der 17. und 18. Etage liegenden Technikgeschosse werden nicht mitgezählt) hält man indes unwillkürlich den Atem an. Hier tagt der Aufsichtsrat, 36 lederne Charles-Eames-Sessel sind fein säuberlich um einen runden Tisch ausgerichtet, in den 18 Bildschirme eingelassen sind. Das ganze unter einem leicht gewölbten Glasdach, das den Blick nach oben freigibt. Darüber dann die Lichtkuppel, die nachts wie ein Heiligenschein das Gebäude überstrahlt.

"Der Umzug ist ein Aufbruch", hatte Dietmar Kuhnt, der Vorstandsvorsitzende der RWE AG, seinerzeit verkündet. Und tatsächlich hatte der Wechsel der Holding aus dem Gebäude der Tochter RWE Energie in das eigene Domizil mehr als symbolische Kraft. Die Holding trat damit wesentlich deutlicher ins Rampenlicht. Vom "Wattikan", wie die alte Energiezentrale des Rheinisch-Westfälischen Elektrizitätswerks schräg gegenüber früher spöttisch genannt wurde, zum Power Tower, das war eine weit längere Reise, als die 500 Meter Luftlinie zwischen beiden Gebäuden vermuten lassen. Mit dem Turm hat sich der Konzern nicht nur architektonisch einen neuen Ausdruck gegeben.

Daten

Hochhaus RWE AG Essen

Standort
Opernplatz 1, Essen
gegenüber Aalto-Theater

Realisierung
Juni 1991 Entscheidung Wettbewerb
Ende 1992 Verabschiedung B-Plan DLZ Stern
August 1992 Unterzeichnung Architektenvertrag
September 1993 B-Plan erhält Rechtsgültigkeit
01.07.1994 Baubeginn
31.12.1996 Fertigstellung
13.03.1997 Schlüsselübergabe

Projektdaten
Gebäudehöhe
120 m   Glasfassade
127 m   Aufzugsturm
162 m   Antenne

Geschoßhöhen
3,00 m   Lager
5,05 m   Gartenebene
9,00 m   Eingangshalle
3,60 m   Büros
3,80 m   Sondernutzung / Vorstand
8,00 m   Technik

Höhe Loggiadach
25 m Oberkante Photovoltaik

Geschosse
 2 Technik, Lager
 1 Gartenebene
31 Obergeschosse, davon
 2 Technik
 1 Dachgarten

Grundfläche
ca.   860 m² Hochhaus
ca. 4 800 m² Gartenebene

Durchmesser Hochhaus
31 m innere Fassade
32 m äußere Fassade

Bruttogrundrißfläche
ca. 25.200 m² Hochhaus
ca. 4.800 m² Gartenebene
ca. 6.000 m² Technik, Lager
ca. 36.000 m² gesamt

Nutzflächen
ca. 12.000 m² Büroflächen
ca.   600 m² Konferenz, Besprechung
ca. 3.400 m² Restaurant
ca. 4.000 m² sonstige Nutzungen
ca. 20.000 m² gesamt

Bruttorauminhalt
ca. 102.000 m³ Hochhaus
ca. 25.000 m³ Gartenebene
ca. 20.000 m³ Technik, Lager
ca. 147.000 m³ gesamt

Fassadenoberfläche
ca. 7.500 m² innere Fassade Hochhaus
ca. 11.500 m² äußere Fassade Hochhaus
ca. 3.800 m² Aufzugsturm
ca. 1.400 m² Gartenebene
ca. 24.200 m² gesamt

Fassadenzwischenraum
0,50 m   begehbar, raumweise geschottet

Gewicht
35.000 t Eigengewicht Hochhaus

Arbeitsplätze
ca. 500 Arbeitsplätze gesamt
ca. 22 Arbeitsplätze je Normalgeschoß

Mitarbeiter-Restaurant
ca. 150 Sitzplätze

Aufzüge
4 Aufzüge, 1.000 kg, 13 Pers., 3,5 m/sec
2 Glasaufzüge, 630 kg, 8 Pers., 0,6 m/sec
2 Feuerwehr- und Lastenaufzüge,
   650/2.000 kg, 8/26 Pers., 3,5/2 m/sec
1 Lastenaufzug, 1.600 kg, 21 Pers., 0,5 m/sec

Photovoltaik
ca. 360 m² Photovoltaiklamellen Loggiadach

Team

Architekten
Ingenhoven Overdiek und Partner, Düsseldorf
Christoph Ingenhoven, Achim Nagel, Klaus Frankenheim,
Klaus J. Osterburg, Harald Benini, Martin Slawik,
Peter Jan van Ouwerkerk, Elisabeth Vieira,
Sabine Begemann, Claudia de Bruyn, Jan Dvorak,
Michael Feist, Jürgen Gendriesch, Ulf Große, Imre Halmai,
Uwe Jürgensen, Ulrich Kluth, Ingo Kraft, Jochen Müller,
Wolfgang Nimptsch, Frank Reineke, Martin Röhrig,
Sakine Sahinbas, Norbert Siepmann, Regina Wuff

Christoph Ingenhoven, Roger Baumgarten,
Arnd Gatermann, Rudolf Rüßmann, Martin Leffers,
Michael Paprotny (Wettbewerb und Vorentwurf)

Neben der kräftezehrenden Arbeit im Büro fand das Team doch zweimal die Zeit, bei einem Segeltörn auf dem Ijsselmeer in den Niederlanden Kraft zu tanken, und den Zusammenhalt zu stärken.

Fachplaner

Tragwerksplanung
Hochtief AG, Hauptniederlassung Rhein-Ruhr,
Hoch- und Ingenieurbau, Essen; Günter Strootmann
Büro Happold Consulting Engineers Ltd., Bath/Düsseldorf
Prof. Sir Ted Happold (†), Michael Dickson, Dr. Michael Cook,
Rüdiger Lutz, Andy Dunford (Wettbewerb und Vorplanung)

Technische Gebäudeausrüstung
HL-Technik AG Beratende Ingenieure, München/Düsseldorf
Prof. Klaus Daniels, Dieter Henze, Dieter Leipoldt
IGK Ingenieurgemeinschaft Kruck, Mülheim/Ruhr
Dr. Bernd Schulitz, Günter Hirsch

Büro Happold Consulting Engineers Ltd., Bath/Düsseldorf
Tony McLaughlin, Gavin Thompson, Ken Carmichael
(Wettbewerb und Vorplanung)

Fassadenplanung
Josef Gartner & Co. Werkstätten für Stahl- und
Metallkonstruktion, Gundelfingen
Dr. Fritz Gartner, Dr. Winfried Heusler, Josef Sing

Lichtplanung
HL-Technik AG Lichtplanung, München
Ulrich Werning, Clemens Tropp

Außenanlagen
Ingenhoven Overdiek und Partner, Düsseldorf
Christoph Ingenhoven, Achim Nagel, Klaus Frankenheim,
Jan Dvorak
in Zusammenarbeit mit WKM Landschaftsarchitekten
Weber Klein Maas, Meerbusch
Klaus Klein

Küchenplanung
Flügel Großkücheneinrichtung, Essen
Dietrich Flügel

Windkanaluntersuchung
Institut für Industrieaerodynamik, Aachen
Prof. Hans-Jürgen Gerhardt

Durchströmungsgutachten
HL-Technik AG Beratende Ingenieure, München
Dr. Jochen Stoll, Alexander Schröter

Beratung Helikopter-Landeplatz
Gunter Carloff, Polizeioberrat im BGS, Sankt Augustin

Bauphysik
Trümper & Overath, Bergisch-Gladbach, Günter Trümper

Brandschutz
Institut für konstruktiven Ingenieurbau, Wuppertal
Prof. Dr. Ing. Wolfram Klingsch

Umwelttechnische Beratung
Geocontrol Umweltechnische Beratung, Essen
Dr. Christiane Prange

Bodengutachten
ELE Erdbaulabor, Essen
Dr. Dietmar Placzek

Vermessung
Ingenieurbüro Klein, Essen
Hans-Peter Klein, Manfred Beckmann

Kunstberatung
Vinzentz Art in Architecture, Düsseldorf
Susanne Baronin Freytag von Loringhoven,
Katharina May
in Zusammenarbeit mit RWE AG, Essen
Dr. Gudrun Jansen

Projektteam RWE AG
Prof. Dr. Ulrich Büdenbender, Dr. Hans-Peter Keitel,
Dr. Herbert Krämer, Dr. Wolfgang Ziemann

Lothar Gräfingholt, Reinhold Ziemer, Herbert Rüdelstein,
Bernhard Kellersmann, Jürgen Rath, Ulrich Greiwe, Peter
Olschewski, Uwe Brückner

Projektsteuerung Nutzer
Lahmeyer International GmbH, Frankfurt a. Main
Heiko Borchardt, Bernd Dile, Reiner Oepen, Beatrice
Schmidt

Nutzer
RWE AG, Essen

Bauherr
Hochtief Projektentwicklung GmbH & Co.
DLZ Stern oHG, Essen
Dieter Majewski, Hasan Yüksel, Lutz Weber,
Franz Klug, Georg Schewior, Ralf Heckmann,
Matthias Hundgeburth

Bauleitung
Generalunternehmer
Hochtief AG, Niederlassung Essen
Alfred Pieper, Lars Leitner, Sigurd von Bartenwerffer,
Sonja-Katharina Krüger, Harald Benini, Jürgen Reusch

Firmen

Generalunternehmer
Hochtief AG, Niederlassung Essen

Fassaden, Stahlkonstruktionen
Josef Gartner & Co. Werkstätten für Stahl- und Metallkonstruktion, Gundelfingen

Glas
Vegla Vereinigte Glaswerke GmbH, Aachen

Raumlufttechnik, Heizung, Sanitär
ROM Technik für Mensch & Umwelt, Düsseldorf

Beleuchtung
Siemens AG, Beleuchtungstechnik, Traunreut

Elektroinstallation
Arbeitsgemeinschaft Siemens AG, Niederlassung Essen
Rheinelektra, Niederlassung Essen

Aufzüge
Thyssen Aufzüge GmbH, Niederlassung Essen,
Werk Ginsheim-Gustavsberg

Metalldecken, Verkleidungen
Schmid Montage GmbH, Simmerberg/Allgäu

Naturstein
Graziano Cancian Natursteinwerk, Mönchengladbach

Solarlamellen
Solonia Sonnenschutz GmbH, Langenselbold

Photovoltaik
Gesellschaft für angewandte Solarenergie ASE,
München

Bodenbeläge
Carpet Concept, Bielefeld
Buschmann KG, Duisburg

Trennwände
Intek Gesellschaft für moderne Innenbautechnik mbH,
Oberriexingen

Stahltreppen, Geländer
Hark Treppen, Herford

Kücheneinrichtung
Flügel Großkücheneinrichtung, Essen

Außenanlagen
Schröder Garten- und Landschaftsbau GmbH, Essen

Möbel
bene Deutschland GmbH, Düsseldorf
geneal Möbelwerk GmbH & Co. KG, Essen
Knoll International, Murr
Roethlisberger AG, Gümlingen (Schweiz)
Vitra GmbH, Weil a. Rhein
Wilkhahn GmbH & Co., Bad Münder

Danke

Viele Menschen haben zum Gelingen dieses Projektes und des dazu gehörenden Buches beigetragen. Ihnen gilt mein Dank:

Achim Nagel, vor allen anderen, nicht nur; aber besonders für seine Unermüdlichkeit – last man standing – Klaus Frankenheim und Klaus Osterburg, sie haben das Projekt nach heftigem Schlingern auf eine fast gerade Straße gelenkt, Elisabeth Vieira, Martin Slawik und Peter Jan van Ouwerkerk, die dabei maßgeblich geholfen haben, Claudia de Bruyn, die zwischen den Nutzern und mir unermüdlich vermittelte, Arndt Gatermann und Roger Baumgarten, den Männern der ersten und zweiten Stunde, Bob Gansfort, ohne den es das Projekt nicht gegeben hätte, Imre Halmai, Michael Feist, Ulf Große, Ulrich Kluth, Jürgen Gendriesch, Frank Reineke, Regina Wuff, Martin Röhrig, Norbert Siepmann, Jan Dvorak, Sakine Sahinbas, Jochen Müller, Sabine Begemann, die oft Tag und Nacht für das Gelingen dieses Projektes gearbeitet haben, Herrn Dr. Friedhelm Gieske und Herrn Dr. Dietmar Kuhnt, den großzügigsten Bauherren, die ein Architekt sich wünschen darf, Herrn Dr. Hans-Peter Keitel, Herrn Dr. Herbert Krämer, Herrn Wolfgang Ziemann und Herrn Prof. Ulrich Büdenbender, dem großzügigsten und vertrauensvollsten Bauherrenausschuß, den man sich wünschen darf, Lothar Gräfingholt, dem Einzigen, der von Anfang bis zum Ende dabei war und der ein Freund geworden ist, Herrn Reinhard Ziemer, der ihm zur Seite stand, Frau Ilona Moos und Herrn Herbert Rüdelstein, die bis heute 50.000 Besucher hatten und zu allen immer freundlich sind, Herrn Heiko Borchardt und Herrn Bernd Dik, die noch den lautesten Streit auf geduldsamem Papier relativierten, Herrn Thomas Franke, der den aufgeregten Architekten mit Rat und Tat durch den Behördendschungel geleitete, Herrn Georg Temme, dem Ratgeber in schier aussichtslosen Situationen, Ted Happold, Michael Dickson und Tony McLaughlin, die uns ans Herz gewachsen sind und deutsche Architekten englische Ingenieurskunst lehrten, Herrn Dr. Siegfried Liphardt und Herrn Günter Strootmann, die uns halfen, in einer schwierigen Situation die Konzeption zu retten, Klaus Daniels und Dieter Henze, ohne die das Wort Haustechnik in unseren Ohren immer noch nach Heizkessel klingen würde, Herrn Friedel Abel, der uns ein loyaler Freund ist, Dieter Majewski, der eine schwierige Rolle so überaus diplomatisch ausfüllte, Herrn Dr. Arnold Schink und Herrn Hasan Yüksel, die bei allen Meinungsverschiedenheiten das große Ziel nicht aus den Augen verloren, Alfred Pieper, Lars Leitner, Sigurd von Bartenwerfer, Sonja-Katharina Krüger und Jürgen Reusch, denen man die Sorgen, die wir ihnen bereitet haben, heute nicht mehr ansieht, Harald Benini, der diese Sorgen sehr verringert hat, ohne uns auch nur einmal untreu zu werden, Fritz Gartner, Winfried Heussler, Josef Sing und Armin Schwab, ohne die vieles nicht so wäre wie es ist, ohne die es aber gewiss diese Fassade nie gegeben hätte, Till Briegleb, der, als auch das Buch schlingerte, Kurs hielt, Jan Esche für seine Engelsgeduld und für vieles mehr, Petra Pieres, best boy, Michael Reiß, Texte und mehr, Dr. Ulrich Schmidt und Ulrike Ruh, die das Lektorat unter den üblichen und den unüblichen Zumutungen des Lektorenlebens souverän meisterten, Beate Tebartz und Stephanie Westmeyer, die unter noch schwierigeren Bedingungen sogar noch wunderschöne Layouts zustande brachten, Holger Knauf und Hans Georg Esch, deren Fotos nun oft mehr bewirken, jedenfalls öfter angeschaut werden als das Haus, Peter Krämer, den ich aus dem Lufthansa-Bordbuch mitbrachte und der das Fischmaul erst zu dem machte, was es ist, Klaus Klein, Ulrich Werning, Clemens Tropp, Lothar Baumgarten, Richard Long, Dieter Schweer, Ulrich Behr und Joachim Stoll, die als Autoren dieses Buches so wichtige und schwierige Dinge so verständlich gemacht haben, für ihre so oft unterschätzten Beiträge zum Gelingen des Projektes, Sandy Copeman und allen Amalgamis für die schönsten Modelle, die ich kenne, meinem Freund und Partner Jürgen Overdiek, der immer für uns da ist, wenn wir ihn brauchen, und nicht zuletzt Regina, meiner Frau, meiner unbestechlichsten Kritikerin, die nicht müde wird, den wichtigen Dingen im Leben und in der Architektur zu ihrem Recht zu verhelfen sowie all den vielen anderen, die geholfen haben, dieses Projekt zu erfinden, zu planen, zu genehmigen, zu bauen, zu dokumentieren und zu publizieren.

Christoph Ingenhoven
Düsseldorf, im November 1999

Abbildungen

Amalgam Modelmakers, Bristol
S. 90 (10), 92, 93

Lothar Baumgarten
S. 116 (u.r.)

Graziano Canzian, Mönchengladbach
S. 106 (9)

Michael Dannenmann
S. 136

Hans Georg Esch, Köln
S. 9, 11, 13, 17, 19, 50 (l.), 63 (o.l.), 65, 124 (M.l.), 129, 131, 137

Andreas Fechner, Wesel
S. 111 (o.r.), 112 (o.l.), 117, 128 (3), 134 (u.l.)

Konrad Fischer, Düsseldorf
S. 119

Josef Gartner & Co.
S. 68 (u.r.), 71 (22), 84 (M.u.)

Steffen Hauser, Greenpeace
S. 108 (u.r.)

Hubert Harst, Witten
S. 56 (3: o.l., M., M.r.), 57, 59 (M.u.), 102, 103 (l.), 105 (9), 109(3)

Hochtief Hauptverwaltung
S. 58 (M.), 59 (u.l.), 97 (o.r.), 103 (r.), 104 (4), 105 (o.l.), 107 (u.), 106 (2.v.o.M.), 109 (3)

Damian Heinisch, Essen
S 49 (2: o.l., M.l.), S. 58 (2.v.o.l.), 62 (2), 86 (3: o.l., o.M.o, u.r.), 109 (u.r.), 110, 111 (5), 112 (5), 113 (u.l.), 115 (2: M.l., u.r.)

Bernd Hoff / Panama, Düsseldorf
S. 127

IFI, Institut für Aerodynamik, Aachen
S. 80 (2: M.u., u.r.)

Yasuhiro Ishimoto
S. 97 (in: Arata Isozaki, Katsura: Raum und Form, Stuttgart; Zürich: Belser, 1967: S. 74/75)

Christoph Ingenhoven, Skizzen
S. 5, 20, 22, 24, 49, 55, 58 (3), 59 (2), 72, 95, 96, 97, 98 (2),121

Helmut Jacoby, Halle
S. 15 (7), 28 (M.o.)

Holger Knauf, Düsseldorf
S. 20 (2: u.r., u.g.r.), 21 (u.r.), 29 (o.l.), 30/31, 32 (3), 34 (2), 35 (2), 36 (3), 37, 38 (4), 39, 40/41, 41 (2: u.), 42 (3), 43 (4), 44 (3), 45 (2: o., u.r.), 46 (2), 47 (4), 48 (2), 49 (2: M.r., u.r.), 50 (r.), 51, 52 (2), 53 (2: o.l., M.l.), 59 (9), 64 (3: l.), 67 (u.r.), 69 (M.r.), 72 (5), 73 (2: o.r.,u.), 80 (o.r.), 81 (2), 82 (u.r.), 83, 84 (l.), 86 (2: o.M.u., o.r.), 87 (6), 88 (4), 89 (5), 91 (3), 94 (11), 95 (6), 98 (5), 100 (4), 101 (o.r.), 108 (2: M.r., M.u.r.), 109 (4), 113 (o.r.), 114 (18), 115 (o.r.), 116 (2: o.l., o.r.), 120 (u.r.), 121 (4), 122 (3), 123 (2), 124 (3: o.l., M.u., u.l.), 125, 137, 140

Peter Krämer, Düsseldorf
S. 63 (M.), 64 (o.r.), 120 (o.), 121 (o.l.), 124 (2: o.r., M.r.)

Landesvermessungsamt NRW
S. 11 (Orthobild 1:5000, 1997:08:07, 4508/13)

Richard Long
S. 118 (in: Richard Long, Kunstsammlung Nordrhein-Westfalen, Düsseldorf, Richard Long, Düsseldorf, 1994), 119

Marion Nickig, Essen
S. 99 (6), 100

Eamonn O'Mahony, London
S. 45 (u.l.), 58 (o.l.)

RWE
S. 59 (2: u.r.), 109 (6), 127 (3), 128 (Sticker)

Christian Richters, Münster
S. 63 (M.o.l.)

ROM Rudolf Otto Meyer, Hamburg
S. 121 (M.u.)

TKT Kranz, Bergisch-Galdbach
S. 75 (2), 121 (u.r.)

Weber Klein Maas, Meerbusch
S. 99 (2)

Peter Wels, Hamburg
S. 28

Jens Willebrand, Köln
S. 60, 61 (2), 82 (l.), 99, 100 (3), 101 (2)

Titelseiten
S. 126: L'ARCA, 03/1994, Intelligente Glasfassaden, 1995, Wettbewerbe aktuell, 09/1991, AIT, 12/1996, Agenda, 01/1997, Detail, 04.05.1997, Der Gläserne Riese, 1998, L'Industria delle Costruzioni, 06/1998, Greenpeace-Magazin, 05/1997

S. 128: Baukultur, 02/1997, Fassade, 04/1995, Wila, 1997, Essener Revue, 01/1997, Hochtief, 1994, Design & Licht, 06/1997

Rempen & Partner
S. 127 (12)

Bibliografie

Zeitungen / Zeitschriften
Wettbewerbe Aktuell, 09/1991
AW – Architektur + Wettbewerbe, 06/1992
Architektur + Wirtschaft, 1993
DBZ, 10/1994
AIT, 10/1994
Bauwelt, 08.07.1994
Fassade, 04/1995
Building Design, 09/1995
Architectural Record, 10/1995
bauzentrum, 04/1996
Pace-Interior Architecture, 05/1996
Glas, 08/1996
Architectuur & Bouwen, 10/1996
Bauwelt, 22.11.1996
Intelligente Architektur, 12/1996
Architektur Magazin, 01/1997
Agenda, 01/1997
Drabert Online, 02/1997
Baukultur, 02/1997
Frankfurter Rundschau, 13.03.1997
Häuser, 03/1997
Leonardo Online, 03/1997
db, 04/1997
Wettbewerbe Aktuell, 04/1997
Neue Zürcher Zeitung, 04.04.1997
Arch+, 04/1997
Welt am Sonntag, 20.04.1997
Frankfurter Allgemeine Zeitung, 24.04.1997
Building Design, 25.04.1997
Glas, 04/1997
World Architecture, 04/1997
VFA-Profil, 04/1997
The architects' journal, 15.05.1997
Baumeister, 05/1997
Architektura Murator, 05/1997
Netscape, 05/1997
Die Welt, 31.05.1997
Green Peace, 06/1997
INTEC, 06/1997
Architectural Record, 06/1997
Architectural Review, 06/1997
Design & Licht, 06/1997
DBZ, 08/1997
Die Zeit, 22.08.1997
Frankfurter Allgemeine Zeitung, 01.09.1997
VfA Profil, 12/1997
Bauen, Wohnen und mehr, München 1998
VfA Profil, 03/1998
Architektura, 11/1998
Frankfurter Rundschau, 27.03.1999
AIT-Skript, 05/1999
ZEIT-Punkte, 06/1999
World Architecture, 07/08/ 1999
World Architecture, 09/1999

Filme
Hochtief: Vom DLZ Stern zur Passarea

ROM: Bauvorhaben DLZ-Stern in Essen

WDR: "Linie K", 27.05.1993

DW-Deutsche Welle: Wirtschaftsmagazin "made in germany", 27.11.1997

DW-Deutsche Welle: "Kunst & Co.", 16.09.1998

WDR: "Kulturszene: Architektur in Düsseldorf", 14.03.1999

SR-Südwest: "Deutsche Architektur zum Ende des Jahrhunderts", 19.07.1999

Bücher
Compagno, Andrea, Intelligente Glasfassaden, Zürich: Artemis, 1995

Daniels, Klaus, Technologie des ökologischen Bauens, Basel: Birkhäuser, 1995

Krichbaum, Jörg (Hg.), Internationales Architektur-Forum Dessau, Köln: Arcum, 1995

Behling, Sophia und Stefan, Sol Power. Die Evolution der solaren Architektur, München: Prestel, 1996

Herzog, Thomas (Hg.), Solar Energy in Architecture and Urban Planning", München: Prestel, 1996

Feireiss, Kirstin; Commerell, Hans-Jürgen (Hg.), Evolution Ökologie – Architektur, Berlin: Aedes, 1996

International Architecture Yearbook No. 4, Mulgrave, Victoria / Australia: The Images Publishing Group, 1997

Ingenhoven Overdiek und Partner Architekten, Wiesbaden: Nelte, 1996

Hochhaus RWE AG Essen, Düsseldorf: o. A., 1997

Wigginton, Michael, Glas in der Architektur, Stuttgart: DVA, 1997

Institut für internationale Architektur-Dokumentation GmbH (Hg.), Glasbau Atlas, München: Edition Detail, 1998

Krehwinkel, Heinz W., Glasarchitektur. Material, Konstruktion und Detail, Basel: Birkhäuser 1998

Schweer, Dieter; Thieme, Wolf, RWE - Ein Konzern wird Transparenz. Der gläserne Riese, Wiesbaden: Gabler, 1998

Nippon Sheet Glass Co., LTD. (Hg.), Space Modulator 86, RWE, Tokyo: o. A., 1999

Norbert Streits, Burkhard Remmers, Matthias Pietzcker, Reimer Grundmann (Hg.), Arbeitswelten im Wandel - fit für die Zukunft?, Stuttgart: Deutsche Verlagsanstalt, 1999

Autoren

Lothar Baumgarten ist in Rheinsberg geboren und in Köln aufgewachsen. Studium in Köln, Karlsruhe und Düsseldorf. Er arbeitet vorzugsweise in situ, das heißt ortsbezogen und im architektonischen Kontext. Seit 1994 Professor an der Hochschule der Künste in Berlin. Weltweit Ausstellungen

Uli Behr, geb. 1952. Dipl.-Ing.; seit 1998 Geschäftsführer für den Bereich Fassaden, Josef Gartner GmbH & Co. KG, Gundelfingen. Lehrbeauftragter an der TU München.

Werner Blaser, geb. 1924. Lebt und arbeitet als Architekt, Designer und Journalist in Basel.

Till Briegleb, geb. 1962. Studium der Politik und Germanistik; 1991-1996 Kulturredakteur der "taz", seit 1997 Kulturredakteur bei "Die Woche", Hamburg. Diverse Veröffentlichungen zu Architektur, Kunst und Theater.

Michael Dickson, geb. 1944. BA MS CEng.; Gründungspartner und Präsident von Buro Happold, Bath. Mitglied Institution of Structural Engineers, Mitglied Royal Society of Arts. Professor an der Bath School of Architecture and Civil Engineering.

Klaus Frankenheim, geb. 1951. Dipl.-Ing.; Studium der Architektur an den Fachhochschulen Düsseldorf und Köln und der Hochschule der Künste, Bremen. Projektleiter Ingenhoven Overdiek und Partner, Düsseldorf

Fritz Gartner, geb. 1936. Dr.-Ing., Dipl.-Ing.; 1975-1998 Geschäftsleitung der Josef Gartner GmbH & Co. KG, Gundelfingen.

Heinrich Hacke, geb. 1963. Studium Bauingenieurwesen an der Ruhr-Universität Bochum; verantwortlicher Bauleiter / Projektkoordination, HOCHTIEF, Essen.

Dieter Henze, geb. 1948. Dipl.-Ing., Studium der Versorgungstechnik an der FH Köln; seit 1997 Professor an der FH Münster für Haustechnik und technischer Ausbau. Diverse Veröffentlichungen zu ökologischen Energieeinsatz durch Nutzung regenerativer Außenenergien.

Winfried Heussler, geb. 1955. Dr.-Ing.; Studium des Maschinenbaus an der TU München. Seit 1998 Direktor Technik Alu und Prokurist bei der Firma SCHÜCO International, Bielefeld.

Christoph Ingenhoven, geb. 1960. Dipl.-Ing., Studium der Architektur an der RWTH Aachen und der Kunstakademie Düsseldorf.

Klaus Klein, geb. 1952. Dipl.-Ing., Studium der Landespflege an der TU München-Weihenstephan; seit 1992 Partnerschaft mit Roland Weber und Rolf Maas, Düsseldorf und Meerbusch.

Richard Long, geb. 1945. Studium am West of England College of Art, Bristol, und an der St. Martin's School, London. Lebt und arbeitet in Bristol. Weltweit Ausstellungen, vertreten in den bedeutendsten Sammlungen, zahlreiche Preise und Veröffentlichungen.

Peter Anthony McLaughlin, geb. 1952. BSc(Hons), CEng.; Mitglied Institute of Energy, Mitglied Chartered Institute of Building Services, Mitglied American Society of Heating, Refrigeration and Air Condition Engineering. Partner im Buro Happold, Bath.

Achim Nagel, geb. 1959. Dipl.-Ing., Studium der Architektur an der TU Hannover; seit 1993 Partner in Ingenhoven Overdiek und Partner, Düsseldorf.

Martin Pawley, Architekturkritiker, London.

Dieter Schweer, geb. 1953. Dipl.-Betriebswirt, Dipl.-Journalist, Studium der Betriebswissenschaft und Kommunikationswissenschaft. Leiter Zentralbereich Konzernkommunikation der RWE AG, Essen. Diverse Buchveröffentlichungen.

Lothar Stempniewski, geb. 1958. Dr.-Ing.; Studium Konstruktiver Ingenieurbau an der Universität Dortmund; Projektleiter HOCHTIEF, Düsseldorf. Rüsch Forschungspreis 1991, Preis der Prof. Dr. Fritz-Peter-Müller-Stiftung.

Joachim Stoll, geb. 1955. Dr.-Ing., Dipl.-Ing.; Maschinenbau-Ingenieur für Energie- und Kraftwerkstechnik; seit 1992 Leiter Thermische Bauphysik / Bauklimatik bei HL-Technik AG, München.

Clemens Tropp, geb. 1962. Dipl.-Ing., Studium der Elektrotechnik, Schwerpunkt Lichttechnik, an der TU Darmstadt; seit 1998 Partnerschaft mit Ulrich Werning, Feldafing.

Ulrich Werning, geb. 1942. Seit 1998 Partnerschaft mit Clemens Tropp, Feldafing. Diverse Veröffentlichungen und Vorträge zu Tages- und Kunstlicht.

Klaus-Dieter Weiß, geb. 1951. Dipl.-Ing., Studium der Architektur an der TU München und der RWTH Aachen. Freier Autor und Publizist, Minden. Zahlreiche Buchveröffentlichungen, regelmäßige Architekturkritik in der Tages- und Fachpresse.